本书获广西高校科研项目“财政分权背景下金融抑制对工业减排的影响研究——以广西为例”（YB2014343）、广西高校协同创新中心“海陆经济一体化与海上丝绸之路建设研究协同中心”出版资助

BANK

王业斌◎著

银行业市场结构与中国工业发展

中国社会科学出版社

图书在版编目（CIP）数据

银行业市场结构与中国工业发展/王业斌著．—北京：中国社会科学出版社，2015.12

ISBN 978－7－5161－7407－4

Ⅰ．①银…　Ⅱ．①王…　Ⅲ．①银行业—市场结构—影响—工业发展—研究—中国　Ⅳ．①F832②F424

中国版本图书馆 CIP 数据核字(2015)第 309496 号

出 版 人　赵剑英
责任编辑　王　曦
责任校对　周晓东
责任印制　戴　宽

出　　版　中国社会科学出版社
社　　址　北京鼓楼西大街甲 158 号
邮　　编　100720
网　　址　http：//www.csspw.cn
发 行 部　010－84083685
门 市 部　010－84029450
经　　销　新华书店及其他书店

印　　刷　北京君升印刷有限公司
装　　订　廊坊市广阳区广增装订厂
版　　次　2015 年 12 月第 1 版
印　　次　2015 年 12 月第 1 次印刷

开　　本　710×1000　1/16
印　　张　12
插　　页　2
字　　数　183 千字
定　　价　48.00 元

摘　要

经过改革开放三十多年工业化的加速推进，中国工业取得了举世瞩目的成就。工业的发展不仅支撑着中国国民经济的高速增长和国家实力的显著提升，更是从根本上改变了世界工业竞争力的整体格局。尽管中国已经成为世界第一制造大国，但中国工业化进程还远未完成，中国所有其他领域的进步和发展都需要以更强大的工业生产力和更发达的工业经济体系为基础。2008 年金融危机，让世界各国意识到实体经济（工业）发展的重要性，不少发达国家（如美国等）更是提出要重新大力发展工业，由以往的“去工业化”转向“再工业化”。对于中国而言，虽然近年来中国工业增长迅速，但中国工业也存在广为诟病的诸多问题，如技术创新能力弱、对环境破坏较大从而可持续发展能力不强等。当前，全球经济尚未从金融危机的低谷中完全复苏，作为全球最大的发展中国家的中国经济也正面临前所未有的挑战，在这样的背景下，探讨如何有效地促进中国工业发展具有较强的现实意义。

对于中国工业发展，大量研究集中于中国工业自身影响因素的探讨。但自 Goldsmith（1969）、McKinnon（1973）、Shaw（1973）等提出金融发展理论以来，国外不少文献关注了“金融—增长”之间的关系，并很自然地将研究视角延伸至金融与产业发展之间的关系，Rajan 和 Zingales（1998）、Beck 和 Levine（2002）开创性地将金融发展、金融结构与产业发展结合起来。这些研究对金融发展与金融结构的讨论融合了股票市场和银行部门的综合考虑，特别是对于金融结构更多的是争论银行和股票市场谁能更好地促进产业增长。而对中国而言，其直接融资市场一直不够发达，银行是金融体系的主体，中国的金融结构在很大程度上体现为银行业市场结构。

改革开放以来，伴随着中国银行业从“大一统”的银行体系到当前多种金融机构并存发展，银行业市场结构也从典型的完全垄断到四大国有商业银行的高度垄断并逐步向竞争性较强的垄断竞争型转变。但不容忽视的是，作为一个新兴市场国家，中国特有的经济体制渐进转型形成了独特的银行业市场结构，国有银行一直在中国银行业中占据主体地位，股份制商业银行、城市商业银行以及其他银行业金融机构还有待进一步加快发展。

那么，中国独特的银行业市场结构对工业发展的影响如何？国内现有关于银行业市场结构经济影响的研究，大量的文献将注意力集中于银行业市场结构对整体经济增长等宏观层面的影响，而关注银行业市场结构对产业发展影响的研究则相对较少。事实上，除了对整体的经济增长产生影响外，银行业市场结构导致的信贷资金结构在一定程度上引导产业资源的分配结构，进而可能对中国工业发展也产生重要影响。

因此，本书在现有研究的基础上，系统分析了银行业市场结构对中国工业发展的影响。考虑到中国工业发展越来越必须依靠技术创新和面临更严重的资源环境约束，本书不仅关注银行业市场结构对工业产业增长的影响，还关注其对中国工业发展的其他方面如技术创新和工业减排的影响。

作为全球最大的发展中国家，中国在一个低效的法律和金融体系下取得了堪称“奇迹”的增长成就，中国经济的转轨绩效也吸引了全世界的目光。本书的研究，不仅可以为“金融—增长”文献提供来自发展中大国的经验证据、对现有关于银行业市场结构经济影响的研究形成有效补充，更有利于思考经过改革开放三十多年粗放发展的中国经济如何加快产业技术创新、促进节能减排进而实现产业结构的优化升级。此外，自2008年世界金融危机以来，社会各界对金融业进行深刻反思，中国政府也强调金融业要服务于实体经济，本书同样有利于为银行业如何更好地服务于实体经济发展提供重要启示。

本书的创新之处在于：从研究视角上，与国内现有文献集中于考虑银行业市场结构对整体经济增长等宏观影响不同，本书着重从产业层面来分析银行业市场结构的经济影响，在系统分析银行业市场结构对中国工业发展的具体影响时，又并不局限于分析其对产业增长的影响，而是进一步分析了银行业市场结构对工业技术创新和工业减排的影响；从研究方法上，考虑到银行业市场结构等变量可能存在的内生性，本书综合应用了系统广义矩估计和工具变量估计等分析方法，以尽可能地消除既有的相关研究中存在的联立内生性及遗漏解释变量所带来的估计偏误；此外，与既有的大量研究认为银行业市场结构对笼统的经济增长具有重要影响不同，本书研究结论还显示，银行业市场结构对中国工业发展具有深远而系统的影响，一个合理的与经济结构相适应的银行业市场结构不仅有利于整体的经济增长，更有利于产业技术创新和工业减排进而对中国的产业结构优化升级、经济结构转型产生重要影响。

本书遵循提出问题、分析问题、解决问题的研究思路，以金融—增长相关理论和产业组织理论等为基础，坚持理论与实证相结合，综合运用 OLS、面板回归估计、工具变量估计、系统广义矩估计等多种研究方法，系统分析了银行业市场结构对中国工业发展的影响。全书由六大部分，共八章组成。第一部分即第一章，主要阐述本书的研究背景和研究意义、相关概念的界定、主要研究内容、研究方法和主要创新点。第二部分即第二章，评述和回顾国内外研究文献、相关理论，为后文的研究提供理论基础。第三部分即第三章，对中国银行业市场结构与工业发展特征进行深入分析，以发现二者之间的初步关系，包括回顾中国银行业市场结构的演变历程，从市场份额、市场集中度、赫芬达尔指数等多个角度对中国银行业市场结构进行测度和分析，从产业增长、技术创新、工业污染物排放三个方面分析中国工业发展现状。第四部分即第四章，在现状分析的基础上，进一步从理论的角度分析银行业市场结构对中国工业发展的影响，建立起一个关于银行业市场结构对中国工业发展影响的理论分析框架。第五部分为实证分析部分，对前文的理论分析进行实证检验，共由三章（第五、六、七章）组成，其中第五章为银行业市场结构对工业产业增长影响的实证分析，第六章为银行业市场结构对工业技术创新影响的实证分析，第七章为银行业市场结构对工业减排影响的实证分析。第六部分（即第八章）则为全书的结论和政策建议部分，对全书进行总结，并进而提出优化中国银行业市场结构、促进工业发展的政策建议。

通过分析，本书主要得到了如下基本结论。

（1）改革开放以来，中国银行业市场结构经过了四个演变阶段，伴随着银行业从“大一统”的银行体系到当前多种金融机构并存发展，银行之间的竞争也不断加强。同时，虽然股份制商业银行、城市商业银行等的市场份额不断上升，银行业集中度也基本上呈不断下降趋势，但四大国有商业银行仍拥有绝对的市场优势，中国银行业市场结构也仍属于中（上）集中度寡占型市场结构。从地区特征来看，中国银行业市场结构还存在着较强的区域差异，东部地区的银行业集中度要明显低于西部地区的银行业集中度，同时，近年来二者之间的差异进一步拉大。

（2）就工业发展而言，从产业增长来看，考察期内，产业增长最快的行业为石油加工及炼焦业、通信计算机及其他电子设备制造业、医药制造业等；如果将产业增长分解为新企业形成和企业规模增长，那么新企业形成最快的行业为有色金属冶炼及压延加工业、石油加工及炼焦业、医药制造业等；研究还发现，东部地区的工业产业增长和新企业形成较快，而中西部地区则次之。从工业技术创新来看，近年来，中国工业整体的技术创新水平随着时间变化而不断提升，高技术产业的技术创新水平较高，资源采选业的技术创新水平较低，其他产业则介于二者之间；同时，不论是用专利申请数还是新产品销售收入份额来度量技术创新，东部地区的工业技术创新水平都要高于西部地区的工业技术创新水平。从工业污染物排放来看，各工业污染物（工业废水、工业烟尘、工业二氧化硫等）排放量随时间的变化模式不尽一致，但排放强度则基本上随着时间的变化而不断下降；同时，电力热力的生产和供应业、非金属矿物制品业、黑色金属冶炼及压延加工业、化学原料及化学制品制造业、有色金属冶炼及压延加工业等重化产业的工业污染物排放量和排放强度都较大；此外，在工业污染物排放的地区特征上，就工业污染物排放量而言，西部地区普遍较低，东部地区和中部地区则没有统一的规律；但就工业污染物排放强度而言，中西部地区普遍较高，而东部地区则普遍较低。

（3）银行业市场结构对中国工业发展的影响的理论分析表明，与经济结构不匹配的银行业市场结构（即较高的银行业集中度），不利于中国工业整体的产业增长；同时，国有银行垄断还限制了非国有银行的资金供给，损害了产业中企业技术创新所需研发资金的获取，进而对工业技术创新产生不利影响。此外，较高的银行业集中度不仅加剧了国有工业部门的资本深化从而使得整体工业部门的资本深化程度不断提升，还限制了工业部门整体生产率的提高和资本从生产率低的行业向生产率高的行业之间的流动，进而不利于中国工业污染物排放强度的降低。

（4）银行业市场结构对工业产业增长影响的实证分析表明，银行业市场结构对整体产业的增长具有显著的负向效应，银行业集中度的提高不利于整体产业的增长。在考虑了银行业市场结构对外部融资依赖程度不同的产业的影响差异后，银行业市场结构对外部融资依赖度较高的产业仍然存在显著为负的影响。研究结果均表明，银行业集中度对中国工业产业增长具有显著的负向影响，这与一般均衡理论的观点是一致的，也为一般均衡理论提供了一个来自发展中大国的证据。此外，研究还进一步说明，银行业市场结构对产业增长的影响来自新企业形成而不是企业规模增长，银行业市场结构对新企业形成具有显著为负的影响，但对企业规模增长的影响则不显著。

（5）银行业市场结构对工业技术创新影响的实证分析表明，银行业市场结构对工业技术创新具有显著的负向影响，银行业集中度的提高不利于工业技术创新。也就是说，银行业中四大国有银行的市场份额提高会抑制工业技术创新，而其他如股份制商业银行、城市商业银行等中小银行的市场份额的提高则会对工业技术创新产生促进作用。此外，控制变量中的非国有化程度、人力资本水平的提高有利于技术创新；企业规模对工业产业的专利申请数存在显著为正的影响，但却对新产品销售收入份额存在显著为负的影响，同时银行业规模与技术创新也存在显著的负相关关系。

（6）银行业市场结构对中国工业减排影响的实证分析表明，银行业集中度与中国工业的污染物排放强度存在显著的正相关关系，银行业集中度的下降有利于降低中国工业的污染物排放强度。研究结果还显示，控制变量中的人力资本和代表技术进步的滞后一期人均 GDP

对工业污染物排放强度具有显著的负向影响，即人力资本水平的提高和技术进步均有利于降低工业污染物的排放强度，而其他变量对不同工业污染物排放强度的影响则有所差异。

基于以上结论，结合中国银行业市场结构和工业发展特征，为了更好地促进中国工业的可持续发展，本书还提出了如下政策建议：对优化银行业市场结构给予高度重视，创新产业发展政策，促进产业结构优化升级；进一步深化金融系统改革，加强银行之间的竞争，提高中小银行市场份额；实施差异化的区域金融政策，降低区域金融发展差距；进一步推进市场化改革，为中国工业技术创新创造良好的制度环境；着力提高人力资本水平，为中国工业技术创新和节能减排提供有力支撑。

目　录

图表目录

第一章　导言

第一节　问题的提出及研究意义

经过改革开放三十多年工业化的加速推进，中国工业取得了举世瞩目的成就。工业的发展不仅支撑着中国国民经济的高速增长和国家实力的显著提升，更是从根本上改变了世界工业竞争力的整体格局。尽管中国已成为世界第一制造大国，但中国工业化进程还远未完成，中国所有其他领域的进步和发展都需要以更强大的工业生产力和更发达的工业经济体系为基础。2008 年世界金融危机，让世界各国意识到实体经济（工业）发展的重要性，不少发达国家（如美国等）更是提出要重新大力发展工业，由以往的“去工业化”转向“再工业化”。对于中国而言，虽然近年来中国工业增长迅速，但中国工业也存在广为诟病的诸多问题，如技术创新能力弱、对环境破坏较大从而可持续发展能力不强等。当前，全球经济尚未从金融危机的低谷中完全复苏，作为全球最大的发展中国家的中国经济也正面临前所未有的挑战，在这样的背景下，探讨如何有效地促进中国工业发展具有较强的现实意义。

对于中国工业发展，大量研究集中于中国工业自身影响因素的探讨。但自 Goldsmith（1969）、McKinnon（1973）、Shaw（1973）等提出金融发展理论以来，国外不少文献关注了“金融—增长”之间的关系，并很自然地将研究视角延伸至金融与产业发展之间的关系，Rajan 和 Zingales（1998）、Beck 和 Levine（2002）开创性地将金融发展、金融结构与产业发展结合起来。这些研究对金融发展与金融结构的讨论融合了股票市场和银行部门的综合考虑，特别是对于金融结构更多的是争论银行和股票市场谁能更好地促进产业增长。而对中国而言，其直接融资市场一直不够发达，银行是金融体系的主体，中国的金融结构在很大程度上体现为银行业市场结构。

改革开放以来，伴随着中国银行业从“大一统”的银行体系到当前多种金融机构并存发展，银行业市场结构也从典型的完全垄断到四大国有商业银行的高度垄断并逐步向竞争性较强的垄断竞争型转变。但不容忽视的是，作为一个新兴市场国家，中国特有的经济体制渐进转型形成了独特的银行业市场结构，国有银行一直在中国银行业中占据主体地位，股份制商业银行、城市商业银行以及其他银行业金融机构还有待进一步地加快发展。

那么，中国独特的银行业市场结构对工业发展的影响如何？国内现有关于银行业市场结构经济影响的研究，大量的文献将注意力集中于银行业市场结构对整体经济增长等宏观层面的影响，而关注银行业市场结构对产业发展影响的研究则相对较少。事实上，除了对整体的经济增长产生影响外，银行业市场结构导致的信贷资金结构在一定程度上引导着产业资源的分配结构，进而可能对中国工业发展也产生重要影响。

因此，本书将在现有研究的基础上，系统分析银行业市场结构对中国工业发展的影响。考虑到中国工业发展越来越必须依靠技术创新和面临更严重的资源环境约束，本书不仅关注银行业市场结构对工业产业增长的影响，还关注其对中国工业发展的其他方面如技术创新和工业减排的影响。

作为全球最大的发展中国家，中国在一个低效的法律和金融体系下取得了堪称“奇迹”的增长成就，中国经济的转轨绩效也吸引了全世界的目光。本书的研究，不仅可以为“金融—增长”文献提供来自发展中大国的经验证据、对现有关于银行业市场结构经济影响的研究形成有效补充，更有利于思考经过改革开放三十多年粗放发展的中国经济如何加快产业技术创新、促进节能减排进而实现产业结构的优化升级。此外，自2008年世界金融危机以来，社会各界对金融业进行深刻反思，中国政府也强调金融业要服务于实体经济，本书为银行业如何更好地服务于实体经济发展提供了重要启示。因此，本书的研究，具有较强的理论意义与实践价值。

第二节　基本概念的界定

一　银行业市场结构

市场结构是产业组织理论研究的重要内容。产业组织理论中，市场结构指的是市场内企业在数量、规模、份额等方面的关系以及由此决定的竞争状态，同时一般将市场结构划分为完全竞争、垄断竞争、寡头垄断、完全垄断等形式。具体到银行业而言，银行业市场结构就是指市场中各银行业金融机构在数量、规模、份额上的相互关系以及由此决定的竞争状态。

结合中国银行业的实际情况和既有研究，本书银行业市场结构涉及的银行业金融机构类型，包含国有商业银行、股份制商业银行、城市商业银行、外资银行、城市信用社和农村信用社等类型，但不包含中国三大政策性银行和作为中央银行的中国人民银行。

二　工业发展

“工业发展”概念首先来自“产业发展”。在当代，对产业发展的概念存在不同的理解，狭义的理解认为产业发展是单个产业的产生、成长和演进过程，广义的理解则将产业发展理解为总体产业的进化过程（简新华，2001；杨建文，2008）。①② 由于对概念理解的不同，研究者结合时代特征，将许多产业发展中的现实问题纳入研究范畴，研究边界也日益扩展。如史忠良（2005）将技术创新、全球化、产业资源的配置等纳入产业发展的研究范围③；苏东水（2000）、杨公朴和夏大慰（2002）将产业的可持续发展特别是工业对环境的影响

---

① 简新华：《产业经济学》，武汉大学出版社2001年版，第164页。

② 杨建文：《产业经济学》，上海社会科学院出版社2008年版，第254—256页。

③ 史忠良：《产业经济学》，经济管理出版社2005年版，第153—281页。

作为产业发展研究的重要内容[①][②]；李悦和李平（2002）将产业发展趋势、高技术产业发展等纳入产业发展的研究范畴[③]；杨建文（2008）则认为，对工业化问题的研究构成中国产业发展研究的重要任务，同时他还指出，随着时间的推移和空间的转换，对产业发展的研究对象也必然会有新的内涵。

虽然众多学者对产业发展概念的理解和研究范畴不同，但现有研究基本上都认同产业发展是产业的进化过程，同时也认同“产业增长”与“产业发展”之间的差别。如同“经济增长”与“经济发展”之间的差别一样，产业增长是指从产出角度来看的产业产出量的提高；产业发展则包含了更深刻、更广泛的内涵，它不仅包含了产业增长，还着重考察了产业增长的质量。杨公朴和夏大慰（2002）认为，产业发展的基本要素是产出增长、结构变迁和福利改善，笔者认为，社会福利的改善来自产业的增长以及结构变迁所包含的产业增长质量。因此，产业发展的核心其实还是产业增长及其增长质量。本书以中国工业[④]为研究对象，经过三十多年的发展，中国工业取得了巨大成就，但中国工业竞争力却主要依赖于低价格要素的比较优势。随着工业化的不断深化，中国工业发展越来越必须依靠技术创新，技术创新能力的相对薄弱已成为制约中国工业发展的最大障碍因素之一。与此同时，中国工业所面临的资源环境约束的压力越来越大，其不得不向更重视环境价值和更快地提高环境保护标准的方向转变。因此，技术创新、工业减排（即降低工业污染物排放）在很大程度上决定着中国工业结构的转型升级，或者说代表着中国工业的“增长质量”。于是，产业增长、技术创新和工业减排也就共同构成了中国工业的“产业发展”，当然，这三者之间可能存在一定的关联，如技术创新、工业减排可能会影响产业增长，但单纯的产业增长并不能完全体现工业

---

① 苏东水：《产业经济学》，高等教育出版社 2000 年版，第 473—507 页。

② 杨公朴、夏大慰：《产业经济学教程》，上海财经大学出版社 2002 年版，第 20—21 页。

③ 李悦、李平：《产业经济学》，东北财经大学出版社 2002 年版，第 17—73 页。

④ 根据《中国统计年鉴》的分类，工业可以分为采掘业、制造业、电力煤气及水生产供应业，出于数据上的考虑，本书所指的工业不局限于制造业，而是指广义的工业。

的技术创新和工业减排，因此在进行具体分析时，有必要将三者独立出来，以对中国工业的“产业发展”进行全面的刻画。这样，本书对“产业发展”的处理，既与史忠良（2005）将技术创新、杨建文（2008）将工业化问题纳入产业发展范畴一致，也与苏东水（2000）、杨公朴和夏大慰（2002）将工业对环境的影响纳入产业发展范畴一致。

基于此，本书将产业发展定义为一个国家或地区的产业的进化过程，而工业发展则是指工业的进化过程，具体而言，其又主要通过工业产业增长、技术创新和工业减排三个方面来体现。本书关于银行业市场结构对中国工业发展影响的研究即是从工业产业增长、技术创新和工业减排三个方面展开的。

第三节 研究思路与主要内容

本书遵循提出问题、分析问题、解决问题的分析思路，在对相关文献进行述评、对金融—增长相关理论和产业组织等理论进行介绍的基础上，详细分析了中国银行业市场结构与工业发展特征，进而得出银行业市场结构与工业发展之间关系的初步认识。以此为基础，本书继而深入系统地研究了银行业市场结构对中国工业发展影响的理论机理，并从实证分析的角度，进一步实证检验了银行业市场结构对中国工业产业增长、技术创新和工业减排的影响。由此，本书发现较高的银行业集中度不仅不利于中国工业产业增长，更会限制中国工业技术创新和工业减排。本书最后提出了优化中国银行业市场结构、促进工业发展的五项政策建议。

本书具体的研究思路与技术路线如图 1 - 1 所示。

本书由六大部分，共八章组成。

第一部分即第一章，主要阐述本书的研究背景和研究意义、相关概念的界定、主要研究内容、研究方法和主要创新点。

第二部分即第二章，评述和回顾国内外研究文献、相关理论，为后文的研究提供理论基础。

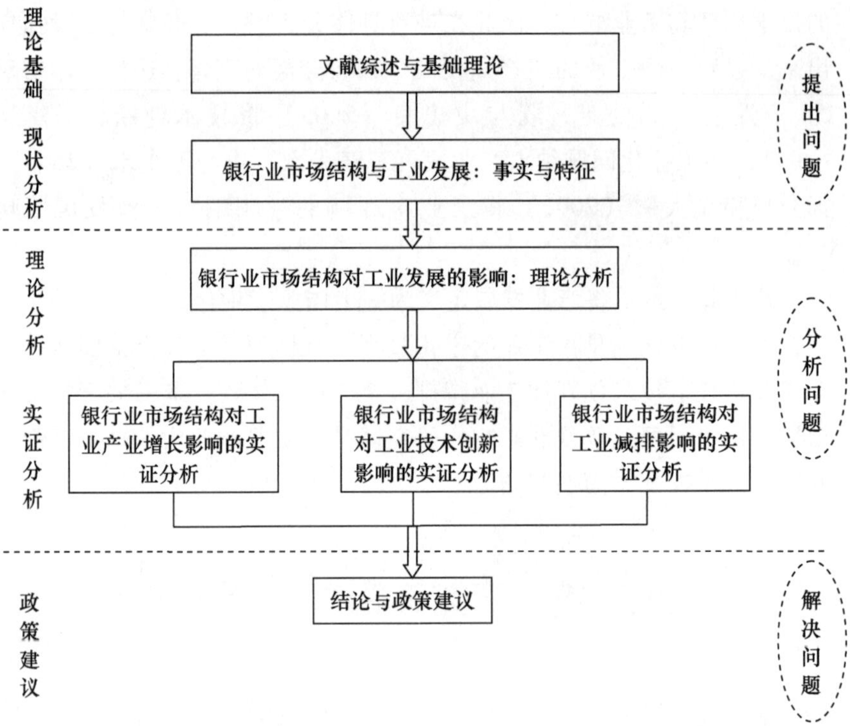

图1－1　研究思路与技术路线

第三部分即第三章，对中国银行业市场结构与工业发展特征进行深入分析，包括回顾中国银行业市场结构的演变历程，从市场份额、市场集中度、赫芬达尔指数等多个角度对中国银行业市场结构进行测度和分析，从产业增长、产业技术创新、工业污染物排放三个方面分析中国工业发展现状。通过分析，得出银行业市场结构与工业发展之间关系的初步认识。

第四部分即第四章，在现状分析的基础上，进一步从理论的角度分析银行业市场结构对中国工业发展的影响，建立起一个关于银行业市场结构对中国工业发展影响的理论分析框架。

第五部分为实证分析部分，对前文的理论分析进行实证检验，共由三章（第五、六、七章）组成，其中，第五章为银行业市场结构对工业产业增长影响的实证分析，应用包含了地区层面和具体产业层面的数据，实证检验银行业市场结构对中国工业产业增长的影响；第六章为银行业市场结构对工业技术创新影响的实证分析，通过从专利申请数和新产品销售收入份额两个角度来度量技术创新，运用省级面板数据实证检验了银行业市场结构对工业技术创新的影响；第七章为银行业市场结构对工业减排影响的实证分析，通过选用若干工业污染物排放强度指标来衡量工业污染物的排放情况，运用省级面板数据实证检验银行业市场结构对工业减排的影响。

第六部分（即第八章）则为全书的结论和政策建议部分，对全书进行总结，并进而提出优化中国银行业市场结构、促进工业发展的政策建议。

第四节 研究方法

本书使用的主要研究方法如下：

（1）在定性分析的基础上，使用一个简化的 AK 创新模型，并对有无国有银行垄断的基准情形和扩展情形进行比较，从理论上深入分析银行业市场结构对产业技术创新的影响。

（2）采用构建工业污染排放强度的因素分解模型，将工业污染物排放强度分解为强度效应和产业结构效应的分析方法，分析出银行业市场结构通过资本深化、生产率、资本配置效率三种渠道对工业减排影响的理论机理。

（3）在实证分析出银行业市场结构对整体产业增长的影响基础上，采用将产业增长分解为新企业形成和企业规模增长的分析方法，以探索出银行业市场结构作用于产业增长到底是来自影响新企业形成还是企业规模增长。

（4）考虑到产业之间的异质性，应用 Rajan 和 Zingales（1998）的模型构建方法，在计量模型中加入银行业市场结构与反映行业特征的对外融资依赖度的交互项，分析出银行业市场结构对外部融资程度较高的产业增长的影响，以更深入地分析银行业市场结构对产业增长的影响。

（5）在实证分析过程中，应用 OLS、面板回归估计、工具变量估计、系统广义矩估计等多种估计方法对计量模型进行回归分析。特别是考虑到银行业市场结构等变量可能存在的内生性问题，综合应用了工具变量估计和系统广义矩估计方法，以尽可能消除模型存在内生性而导致的估计偏误。

第五节　创新点与进一步研究方向

本书主要的创新点如下：

（1）在研究视角上，与国内现有文献集中于考虑银行业市场结构对整体经济增长等宏观影响不同，本书着重从产业层面来分析银行业市场结构的经济影响；在系统分析银行业市场结构对中国工业发展的具体影响时，又并不局限于分析其对产业增长的影响，而是进一步分析了银行业市场结构对工业技术创新和工业减排的影响。

（2）在研究方法上，与国内既有的分析银行业市场结构对产业发展影响的文献相比，考虑到银行业市场结构等变量可能存在的内生性，本书综合应用了系统广义矩估计和工具变量估计等分析方法，以尽可能地消除现有研究中存在的联立内生性及遗漏解释变量所带来的估计偏误。

（3）与既有的大量研究认为银行业市场结构对笼统的经济增长具有重要影响不同，本书研究结论还显示，银行业市场结构对中国工业发展具有深远而系统的影响，一个合理的与经济结构相适应的银行业市场结构不仅有利于整体的经济增长，更有利于技术创新和工业减排进而对中国的产业结构优化升级、经济结构转型产生重要影响。

当然，本书也还存在一定的不足之处。目前，工业结构优化升级已成为中国工业发展面临的重要议题，虽然技术创新、工业减排在很大程度上左右着中国工业结构的转型升级，但工业结构优化升级包含了更广泛的含义。由于篇幅所限，本书没有就“银行业市场结构与工业结构优化”进行深入讨论。因此，未来可以就这个主题进行进一步的研究。

第二章　文献综述与基础理论

第一节　文献综述

一　国外研究现状

理论上，国外关于银行业市场结构的经济影响，主要集中于银行业市场结构与经济增长之间关系的讨论，这些讨论内容又可以划分为局部均衡模型和一般均衡模型两类。

局部均衡模型主要考察银行与借款者之间的关系，并通过分析银行业市场结构对银行与借款者之间关系的影响，讨论如何甄选借款者并诱导其采取适当的行动以克服由于信息不对称所引发的逆向选择和道德风险问题，进而认为一般情况下垄断的银行业市场结构对经济是有利的（最坏的情况是不清楚它对经济是有利还是有害）。这方面主要的研究有 Petersen 和 Rajan（1995）、Caminal 和 Matutes（1997）、Schnitzer（1998）等。Petersen 和 Rajan（1995）从关系融资角度出发，建立了一个三阶段银行长期关系及信用配给模型，通过分析银行业竞争程度对银行与企业之间长期借贷关系的影响，他们指出，银行竞争程度的加剧会减少长期借贷关系所带来的好处；相反，银行竞争程度的降低则能使企业以较低的成本获得更多的贷款。他们认为，在垄断的银行业市场结构条件下，即使在期初以较低利率贷款给企业，银行也能分享企业未来的收益，因此银行愿意与企业建立长期的借贷关系；而在竞争性的银行业市场结构下，由于可能存在的逆向选择和道德风险问题（如在激烈的竞争条件下，新企业从某家银行获得贷款后，其可能会在以后转向其他融资成本更低的银行借贷），银行不愿意与新企业形成长期的借贷关系，进而会减少关系贷款的数量。[①] Caminal 和 Matutes（1997）则建立了银行业市场结构与银行偿付能力模型，认为银行业太多的竞争会危害整个银行体系的偿付能力，而垄断的银行业市场结构与银行体系偿付能力之间的关系则是不明确的。银行的市场支配力与银行部门偿付能力之间的关系不明确，来自垄断势力给银行部门贷款所造成的两个不同方向的后果：一方面，垄断势力会使银行贷款利率提高，进而导致信用收缩和抑制，减少市场总的贷款量；而另一方面，较高的利率也使银行为了克服道德风险问题而加强对借款者（企业）的监控，从而有利于长期借贷关系的形成，增加市场总的贷款量。[②] Schnitzer（1998）则从甄别的角度出发，研究了银行业市场结构对获得融资的甄别过程、企业重组的影响，通过建立一个银行甄别借款者与重组企业模型，Schnitzer 指出，就对借款者进行甄别而言，垄断的银行具有较高的甄别效率；与垄断的银行相比，竞争的银行将导致较少的甄别使更多的企业重组。[③]

一般均衡模型则是在局部均衡模型的基础上，综合考虑了银行的信贷行为和居民的储蓄行为，更为全面地分析了银行业市场结构对经济的影响，并得出与局部均衡理论不同的结论，即一般情况下垄断的银行业市场结构对经济的收益很可能低于它的成本（最好的情况是不清楚它对经济是有利还是有害）。一般均衡模型认为局部均衡模型没有考察银行业市场结构中的所有重要特征，仅仅注意到了银行和借款者之间的关系以及银行市场结构对二者关系的影响，却忽略了银行的存款来源。一般均衡模型方面，代表性的研究主要有 Cetorelli（1997）、Smith（1998）、Guzman（2000）、Cetorelli 和 Peretto（2000）等。Cetorelli（1997）通过一个标准的戴蒙德叠代生产模型，分析比

---

① Petersen M. A., Rajan R. G., The Effect of Credit Market Competition on Lending Relationship, *Quarterly Journal of Economics*, Vol. 110, No. 2, 1995, pp. 407 – 443.

② Caminal R., Matutes C., *Bank Solvency, Market Structure, and Monitoring Incentives*, Centre for Economic Policy Research, 1997, Discussion Paper, No. 1665.

③ Schnitzer M., *On the Role of Bank Competition for Corporate Finance and Corporate Control in Transition Economies*, Center for Economic Policy Research Discussion Paper, CEPR Discussion Paper Series, 1998, No. 2013.

较了两阶段生产条件下不同的银行业市场结构（服从伯川德竞争式的市场结构和垄断的市场结构）对借款者甄别过程和资本积累的影响。通过分析，Cetorelli（1997）指出，相对于服从伯川德竞争式的银行业市场结构而言，垄断的银行业市场结构具有更高的甄别效率（伯川德竞争式的银行业市场结构由于存在信息溢出效应导致“搭便车”而具有较低的甄别效率），进而会导致更多的资本积累，但由于银行利润经常被垄断者用来消费而不是返还借款者投资，从而又不利于资本积累。因此，垄断的银行业市场结构对资本积累和经济增长的影响是不确定的。[①] Smith（1998）则同样利用一个标准的戴蒙德叠代生产模型分析了银行业市场结构对国民收入和商业周期波动的影响。通过分析，Smith（1998）指出，在竞争的银行业市场结构条件下，存款一般被用于贷款和投资，这会促进社会总产量和收入的增加，从而减轻经济周期性波动的可能性；而在垄断的银行业市场结构条件下，较高的利率提高了借款者获得资金的成本，同时又使部分存款被银行占为利润用于消费，减少了用于生产的投资。因此，Smith（1998）认为，相对于垄断的银行业市场结构，竞争的银行业市场结构对资本积累和经济增长更有利。[②] Guzman（2000）则从信贷配给的角度出发，通过建立一个两期叠代生产模型，分析了银行业市场结构对可贷资金数量即可能出现的信贷配给问题的影响，他认为，信贷配给对理解垄断银行低效率的特征与原因起着十分重要的作用，其基本结论是，相对于竞争的银行业市场结构而言，垄断的银行业市场结构更易产生信贷配给，且垄断市场结构下的信贷配给后果比竞争性市场结构下的信贷配给后果更加严重，因此垄断的银行业市场结构所带来的收益很有可能低于它所带来的成本，较高的银行业集中度不利于资本积累和经济增

---

① Cetorelli N. , *The Role of Credit Market Competition on Lending Strategies and Capital Accumulation*, Federal Reserve Bank of Chicago in its Series Working Paper Series, Issues in Financial Regulation, 1997, No. WP－97－14.

② Smith R. T. , Banking Competition and Macroeconomic Performance, *Journal of Money, Credit, and Banking*, Vol. 30, No. 4, 1998, pp. 793－815.

长。[①] Cetorelli 和 Peretto（2000）则建立了一个一般动态均衡模型，分析了银行业市场结构对资本积累的影响，他们认为银行业中的银行数量主要通过两个渠道影响资本积累（影响银行收集企业家信息的决策和影响企业获得贷款的数量），在竞争的银行业市场结构条件下，银行缺乏获取企业家信息的激励（因为银行通过简单观察企业家的贷款要求是否被其他银行接纳就可获得企业家的质量信息）；而在垄断的银行业市场结构条件下，较少的银行数量虽然会加强银行获取企业家信息的激励，但也会减少企业家可获得的贷款数量。故一个最优的银行业市场结构既不是完全竞争的市场结构也不是完全垄断的市场结构，而应该是垄断竞争的银行业市场结构。但无论如何，银行业中的垄断势力都可能不利于经济增长。[②]

由于理论上的分歧，不少研究者试图从实证研究中寻求银行业市场结构经济影响的经验证据，这些研究主要从四个方面展开：一是从宏观层面直接研究银行业市场结构对整体经济增长的影响；二是从产业层面研究银行业市场结构对产业增长（其他非银行业的实体产业的增长）的影响；三是从产业层面研究银行业市场结构对产业市场结构（其他非银行业的实体产业的市场结构）的影响；四是从企业层面研究银行业市场结构对企业融资的影响。

在直接分析银行业市场结构对整体经济增长的影响方面，总体上研究较少，主要的研究有 Jayaratne 和 Strahan（1996）等。Jayaratne 和 Strahan（1996）利用美国跨州数据，分析了银行竞争对各州收入增长的影响，研究结果显示，放松银行分支机构管制，使得银行能跨州进入与退出，加强了区域内银行的竞争，促进了经济增长。同时，银行竞争（用银行分支机构来表示）对经济增长的影响主要来自提高银行效率而不是增加银行的贷款数量。[③]

---

① Guzman M. G., Bank Structure, Capital Accumulation and Growth: A Simple Macroeconomic Model, *Economic Theory*, No. 16, 2000, pp. 421 – 455.

② Cetorelli N., Peretto P. E., *Oligopoly Banking and Capital Accumulation*, Federal Reserve Bank of Chicago Working Paper, 2000, No. 2000 – 12.

③ Jayaratne J., Strahan P. E., The Finance – Growth Nexus: Evidence from Bank Branch Deregulation, *Quarterly Journal of Economics*, No. 111, 1996, pp. 639 – 670.

在银行业市场结构对产业增长的影响方面，现有研究并未得到一致的结论，有的研究认为银行业集中度下降有利于产业增长，有的研究认为银行业集中度上升有利于产业增长，有的研究则认为银行业市场结构与产业增长存在非线性关系。这些研究成果共同表明了银行业市场结构对于产业增长的影响会在不同的国家、不同的政治文化环境以及不同的经济增长路径下表现出不同的特征，比较有代表性的研究有 Cetrorelli 和 Gambera（2001）、Deidda 和 Fattouh（2005）、Claessens 和 Laeven（2005）、Maudos 和 Fernández de Guevara（2007）、Carlin 和 Mayer（2003）等。Cetrorelli 和 Gambera（2001）利用 41 个国家的 36 个产业部门的数据实证研究了银行业市场结构对产业增长的影响，在控制住产业特征、国家特征和产业最初份额等变量之后，他们发现，银行业集中度的上升会使那些外部融资依赖度较高的产业增长得更快，因为这些产业中的企业（尤其是新企业）更容易获得银行贷款。[①] Deidda 和 Fattouh（2005）构建了一个内生增长模型，运用 Cetrorelli 和 Gambera（2001）一文的数据，重新检验了银行业市场结构对产业增长的影响，在同样控制住产业特征、国家特征和产业最初份额等变量之后，研究发现，银行业市场结构与产业增长之间的关系依赖于经济发展水平，银行业集中度与产业增长之间的负相关关系在低收入国家显著，但在高收入国家则不显著。[②] Claessens 和 Laeven（2005）用基于产业组织理论的方法对 16 个国家的银行业竞争程度进行了度量，并分析了银行业市场结构对产业增长的影响，研究结果显示，银行业竞争程度与产业增长显著正相关，但用集中度来衡量的银行业市场结构与产业增长之间的关系则不显著。[③] Maudos 和 Fernández de Guevara（2007）利用 1993—2003 年 21 个国家的 53 个产业部门数

① Cetorelli N. , Gambera M. , Banking Market Structure, Financial Dependence and Growth: International Evidence from Industry Data, *Journal of Finance*, No. 56, 2001, pp. 617 – 648.

② Deidda L. , Fattouh B. , Concentration in the Banking Industry and Economic Growth, *Macroeconomic Dynamics*, No. 9, 2005, pp. 198 – 219.

③ Claessens S. , Laeven L. , Financial Dependence, Banking Sector Competition, and Economic Growth, *Journal of the European Economic Association*, No. 3, 2005, pp. 179 – 207.

据，研究发现银行业市场结构与产业增长之间存在倒 U 形的非线性关系。[①] Carlin 和 Mayer（2003）利用 OECD 国家 1970—1995 年 27 个产业数据，研究表明，总体上银行业集中度与产业增长呈负相关关系；但在经济发展的早期，二者之间的关系截然不同，特别是对于人均 GDP 较低的国家而言，银行业集中度与银行依赖度较高的产业之间存在显著为正相关关系。[②]

在银行业市场结构对产业市场结构的影响方面，主要研究成果有 Cetorelli（2003，2004）、Cetorelli 和 Strahan（2006）、Jackson 和 Thomas（1995）、Black 和 Strahan（2002）、Bonaccorsi 和 Dell' Ariccia（2004）等。Cetorelli（2003）利用美国产业数据分析了银行业市场结构对其他非银行产业的生命周期动力学效果。他既分析了银行竞争对新企业的进入、存活与扩张的影响，也分析了银行竞争对旧企业（在位企业）退出的影响，研究发现，银行业竞争度的加强将促进新企业的进入、发展，并加速旧企业的退出，因此，增加银行业竞争将使产业中企业年龄分布更趋向于年轻化。[③] Cetorelli（2004）运用 Rajan 和 Zingales（1998）的计量方法，通过对 1980—1997 年间 29 个 OECD 国家的产业数据，研究了银行业市场结构对产业平均企业规模的影响，在控制了影响企业规模的因素（如人力资本、资本密集度、R&D 密度等）和其他国别因素（如经济发展程度、法律制度等）后，研究结果显示，银行业集中度对产业平均企业规模具有显著为正的影响，因此，银行业集中度的提高促进了其他产业集中度的增强，特别是对于那些高度依赖外部融资的产业更加如此。[④] Cetorelli 和 Strahan（2006）利用 1977—1994 年美国银行业数据，检验了银行业市场结构

---

① Maudos J.，Fernández de Guevara J.，The Cost of Market Power in Banking: Social Welfare Loss vs Inefficiency Cost, *Journal of Banking and Finance*, Vol. 31, No. 7, 2007, pp. 2103 - 2125.

② Carlin W.，Mayer C.，Finance, Investment and Growth, *Journal of Financial Economies*, Vol. 69, No. 1, 2003, pp. 191 - 226.

③ Cetorelli N.，Life - cycle Dynamics in Industrial Sectors: The Role of Banking Market Structure, *Quarterly Review*, *Federal Reserve Bank of St. Louis*, No. 85, 2003, pp. 135 - 147.

④ Cetorelli N.，Real Effects of Bank Competition, *Journal of Money*, *Credit and Banking*, No. 36, 2004, pp. 543 - 558.

与其他非银行部门市场结构之间的关系，通过分析银行业集中度对产品市场上产业的企业数量、平均企业规模、总的企业规模分布的影响，发现银行业集中度的降低能增加行业中的企业数量、降低行业中的平均企业规模、增加行业中中小企业所占的比例（即使企业规模分布向左移动），因此，银行业集中度实际上同样代表了产品市场上的一种进入壁垒，较高的银行业集中度使其他行业的市场集中度也较高。[①] Jackson 和 Thomas（1995）运用美国的跨州数据，研究发现银行业集中度对新企业的雇员增长率具有显著为正的影响，对旧企业的雇员增长率则具有显著为负的影响。[②] Black 和 Strahan（2002）同样通过美国的跨州数据，发现银行业集中度对新企业的创建具有负向影响，在银行业集中度较低的州，新企业创建的数量更大，同时银行业的放松管制能减少银行业集中度对新企业创建的负面影响。[③] Bonaccorsi 和 Dell' Ariccia（2004）利用意大利 22 个产业数据，分析了银行业市场结构对新企业创建的影响，研究发现，银行业集中度与新企业创建之间存在钟形关系，在一定范围内，银行业集中度对新企业创建具有显著为正的影响，但超过该范围后，银行业集中度的增加则会对新企业创建产生负面影响。同时，二者之间的关系与产业特性有关，银行竞争更有利于信息透明的行业的企业创建。[④] 上文的 Jackson 和 Thomas（1995）、Black 和 Strahan（2002）、Bonaccorsi 和 Dell' Ariccia（2004）虽然没有直接分析银行业市场结构与产业市场结构之间的关系，却分析了银行业市场结构对其他非银行部门中新企业创建的影响从而间接分析了银行业市场结构对产业市场结构的影响，如 Black 和 Strahan（2002）的研究结果实际上也意味着银行业集中度的降低将导致其他产业的竞争加强。

---

① Cetorelli N., Strahan P., Finance as a Barrier to Entry: Bank Competition and Industry Structure in Local U. S. Markets, *Journal of Finance*, No. 61, 2006, pp. 437 – 461.

② Jackson J. E., Thomas A. R., Bank Structure and New Business Creation: Lessons from an Earlier Time, *Regional Science and Urban Economics*, No. 25, 1995, pp. 323 – 353.

③ Black S. E., Strahan P., Entrepreneurship and Bank Credit Availability, *Journal of Finance*, No. 57, 2002, pp. 2807 – 2833.

④ Bonaccorsi E., Dell' Ariccia, Bank Competition and Firm Creation, *Journal of Money, Credit and Banking*, No. 36, 2004, pp. 225 – 251.

在银行业市场结构对企业融资的影响方面，主要研究成果有 Beck 和 Demirguc – Kunt 等(2004)、De Young 和 Goldberg 等(1999)、Scott 和 Dunkelberg (2001) 等。Beck 和 Demirguc – Kunt 等 (2004) 利用74 个国家数据分析了银行市场结构对企业获得融资的影响，研究发现，较高的银行业集中度增加了企业获得融资的障碍，同时外资银行进入、制度发展会减轻银行业集中度对企业融资障碍的影响，政府干预等则会加重这种影响。[①] De Young 和 Goldberg 等 (1999) 应用美国的银行业数据，分析了银行业市场结构对小型商业信贷的影响，研究发现，银行业集中度对城镇地区的小型商业信贷存在显著为正的影响，但对农村地区的小型商业信贷却存在显著为负的影响。[②] Scott 和 Dunkelberg (2001) 应用美国小企业调查数据，研究发现，用赫芬达尔指数衡量的银行业集中度与企业获得信贷的可能性和成本并没有显著的相关性。[③]

综合来看，国外关于银行业市场结构的经济影响的研究主要有以下几个特点：

(1) 从理论研究上看，现有的研究主要从信息经济学的角度出发，讨论银行业市场结构与经济增长之间的关系，并可分为局部均衡模型和一般均衡模型。局部均衡模型仅分析银行与借款者之间的关系，而一般均衡模型则综合考虑了银行的信贷行为和居民的储蓄行为，但二者都将银行的作用仅仅局限于在贷款后对信贷进行配给与监督或在贷款前进行甄别，但事实上银行存在多种工具和手段来获取顾客信息。同时，二者都没有考虑银行市场上政府干预、金融发展以及所处经济发展阶段的影响。

(2) 从实证研究上看，现有的研究虽然从四个方面展开，但主要

---

① Beck T. , Demirguc – Kunt A. Levine R. , Maksimovic V. , Bank Competition and Access to Finance International Evidence, *Journal of Money*, *Credit and Banking*, No. 36, 2004, pp. 627 – 648.

② De Young R. , Goldberg L. G. , White L. J. , Youth, Adolescence, and Maturity of Banks: Credit Availability to Small Business in an Era of Banking Consolidation, *Journal of Banking and Finance*, No. 23, 1999, pp. 463 – 492.

③ Scott J. A. , Dunkelberg W. C. , *Competition and Credit Market Outcomes: A Small Firm Perspective*, Mimeo, Temple University, 2001.

集中于从产业层面来分析银行业市场结构对产业增长和产业市场结构的影响，其他方面如直接分析银行业市场结构对经济增长的影响等则相对较少。从产业层面来考虑银行业市场结构的经济影响，主要原因在于，产业间不同的生产技术特征意味着不同的对外融资需求，应用产业数据来进行分析能更好地捕捉银行业市场结构对不同产业的增长效应，而宏观数据却不具有这一优势，因此，从宏观层面来分析银行业市场结构对整体经济增长影响的研究较少。同样，受限于企业数据，企业层面的研究也不多。

（3）在实证研究中，对银行业市场结构的度量，研究者主要采用银行业集中度指标，常用的度量银行集中度的指标为赫芬达尔指数和 *CRn* 指数［如 Cetorelli（2001）、Cetorelli and Strahan（2006）、Bonaccorsi and Dell' Ariccia（2004）等］。当然，一些研究者也采用其他指标来对银行业市场结构进行度量，如 Claessens 和 Laeven（2005）用 Panzar 和 Rosse 用 H 统计值来度量银行部门的竞争程度。Maudos 和 Fernández de Guevara（2007）用 Lerner 指数来度量银行业的竞争程度，Jayaratne 和 Strahan（1996）用银行分支机构来表示银行业的竞争程度。

（4）关于银行业市场结构对产业增长和产业市场结构影响的实证研究，从采用的数据来看，主要以发达国家为研究对象，同时以跨国数据为主，针对一国国内数据的研究也主要以美国为研究对象。从模型构建与研究的方法上来看，现有的研究主要采用 Rajan 和 Zingales（1998）的方法，在模型中加入银行业市场结构与行业特征变量（如对外融资依赖度）的交互项，来分析银行业市场结构的增长效应；而在具体的回归分析时，则一般采用 OLS 方法和 2SLS 方法。

二　国内研究现状

国内关于银行业市场结构经济影响的研究，虽然相对滞后，但也取得了可喜的成果。最先将产业组织理论应用于中国银行业分析的为于良春和鞠源（1999），他们的基本结论是：中国银行业存在高度集中和国有银行垄断低效率问题，因此放松银行业的进入管制是解决问题的必要条件。[①] 此后，分析中国银行业市场结构的研究不断涌现，这些研究主要集中于两个方面：一是关于中国银行业市场结构的度量、描述和分析；二是关于银行业市场结构与银行绩效之间的关系。第一方面的研究主要应用市场份额、市场集中度和 Panzar – Rosse 模型等对中国银行业市场结构做出判断和分析，主要研究成果有：叶欣等（2001）、赵旭等（2001）、秦宛顺和欧阳俊（2001）、赵子铱等（2005）等。[②③④⑤] 第二方面的研究则是从 SCP 分析框架或产权等角度对中国银行业市场结构、市场行为和绩效展开实证分析，以揭示中国银行业市场结构存在的问题并提出相关的政策建议，主要的研究成果有：刘伟和黄桂田（2002；2003）、邹伟进和刘峥（2007）、涂万春和陈奉先（2006）、易纲和赵先信（2001）等。[⑥⑦⑧⑨⑩] 如易纲和赵先信（2001）认为，中国银行业的主要问题是行业结构问题，而刘伟和黄桂田（2002，2003）则认为，中国银行业面临的主要问题不是行业集中的问题而是产权结构单一的问题。

但是，上述研究仅仅是针对银行业自身进行研究，随着分析的深入，研究者不再局限于银行业本身的市场结构和绩效，而是将研究视角进一步扩展到银行业市场结构与经济增长等关于银行业市场结构的

---

① 于良春、鞠源：《垄断与竞争：中国银行业的改革和发展》，《经济研究》1999 年第 8 期。

② 叶欣、郭建伟、冯宗宪：《垄断到竞争：中国商业银行业市场结构的变迁》，《金融研究》2001 年第 11 期。

③ 赵旭、蒋振声、周军民：《中国银行业市场结构与绩效的实证研究》，《金融研究》2001 年第 3 期。

④ 秦宛顺、欧阳俊：《中国商业银行市场结构、效率和绩效》，《经济科学》2001 年第 4 期。

⑤ 赵子铱、彭琦、邹康：《我国银行业市场竞争结构分析——基于 Panzar – Rosse 范式的考察》，《统计研究》2005 年第 6 期。

⑥ 刘伟、黄桂田：《中国银行业改革的侧重点：产权结构还是市场结构》，《经济研究》2002 年第 8 期。

⑦ 刘伟、黄桂田：《银行业的集中、竞争与绩效》，《经济研究》2003 年第 11 期。

⑧ 邹伟进、刘峥：《中国银行业市场结构、效率和绩效实证研究》，《经济评论》2007 年第 3 期。

⑨ 涂万春、陈奉先：《产权、市场结构与中国银行业绩效——基于修正的 SCP 分析框架》，《产业经济研究》2006 年第 4 期。

⑩ 易纲、赵先信：《中国的银行竞争：机构扩张、工具创新与产权改革》，《经济研究》2001 年第 8 期。

经济影响方面。具体而言，这些研究主要包括四个方面：一是银行业市场结构对整体经济增长等方面影响的研究；二是银行业市场结构对产业增长影响的研究；三是银行业市场结构对企业成长影响的研究；四是银行业市场结构对中小企业融资影响的研究。

关于银行业市场结构对整体经济增长等方面的影响，现有的研究较多，并集中于应用省级面板数据或时间序列数据考察银行业市场结构对整体经济增长的影响，其中应用省级面板数据的主要研究成果有林毅夫和姜烨（2006）、林毅夫和孙希芳（2008）、贾春新和夏武勇等（2008）、贺小海和刘修岩（2008）、谈儒勇等（2006），应用时间序列数据的主要研究成果有王红（2005）、于良春和王会宗（2007）、杨国辉和孙霞等（2008）。具体而言，在应用面板数据的研究中，林毅夫和姜烨（2006）运用中国1985—2002年28个省份数据的分析表明，银行业集中度对经济增长存在显著为负的影响，但在大企业比重高的省份，银行集中度与经济增长却存在正相关关系[①]；林毅夫和孙希芳（2008）则用同林毅夫和姜烨（2006）一样的数据进一步分析了银行业市场结构与经济增长之间的关系，研究发现，中小金融机构市场份额的上升对经济增长具有显著为正的影响[②]；而贾春新等（2008）运用中国1992—2001年29个省份的面板数据分析了银行竞争对经济增长的影响，并得出银行竞争程度（用银行分支机构增长表征）对经济增长具有显著的正向影响的结论[③]；贺小海和刘修岩（2008）应用中国1987—2004年省级面板数据，研究发现，银行业市场结构与经济增长存在着显著的负相关关系，同时相对于东部地区而言，中西部地区银行业集中度对经济增长的影响更大，非国有化进程越快、市场化程度越高，银行业集中度对经济增长的影响也越大[④]；

---

① 林毅夫、姜烨：《经济结构、银行业结构与经济发展》，《金融研究》2006年第1期。

② 林毅夫、孙希芳：《银行业结构与经济增长》，《经济研究》2008年第9期。

③ 贾春新、夏武勇、黄张凯：《银行分支机构、国有银行竞争与经济增长》，《管理世界》2008年第2期。

④ 贺小海、刘修岩：《银行业结构与经济增长——来自中国省级面板数据的证据》，《南方经济》2008年第10期。

谈儒勇等（2006）运用中国1999—2003年31个省区数据，研究发现银行业市场结构对经济增长具有显著为负的影响，同时，与东部地区相比，中、西部地区各省份银行集中度的提升会给经济增长带来更为严重的负面影响。[①] 而在应用时间序列数据进行分析的研究中，王红（2005）利用中国1986—2003年的时间序列数据，分析了银行业市场结构对经济增长的影响，研究发现银行业集中度的系数为负，但统计上并不显著[②]，由于王红（2005）分析的样本容量较小，其结论的可靠性令人质疑；于良春和王会宗（2007）通过1989—2004年的相关数据，对商业银行市场结构与经济增长进行了协整分析和格兰杰因果检验，并得出了经济增长是商业银行市场结构转变的原因，而商业银行市场结构却不是经济增长原因的结论[③]；杨国辉和孙霞（2008）则基于中国1994—2004年数据同样对银行业市场结构与经济发展进行了格兰杰因果检验，研究结果显示，在较短时间内是经济发展决定银行业市场结构，而在较长时间内则是银行业市场结构主动影响到经济发展。[④] 除了上述分析，一些研究还考察了银行业市场结构对资本形成、非国有经济、国际贸易区域差异等方面的影响，主要的研究成果有王翔和钱力（2009）、冯尧等（2011）、尹希果和孙惠（2012）等。王翔和钱力（2009）运用中国1992—2004年29个省份的动态面板数据，研究发现银行业市场结构对资本形成（投资）存在非线性影响[⑤]；冯尧、廖晓燕和彭欢（2011）实证分析了银行业结构对非国有经济增长的影响，研究结果显示，银行业市场集中度的减小有利于中

① 谈儒勇、叶海景、范坤祥：《我国各地银行集中度与经济增长关系的实证研究》，《当代财经》2006年第12期。

② 王红：《银行结构与经济发展：中国银行业的实证分析》，《经济学家》2005年第5期。

③ 于良春、王会宗：《商业银行市场结构与经济增长关系的实证分析》，《延安大学学报》（社会科学版）2007年第6期。

④ 杨国辉、孙霞：《银行结构与经济发展的因果关系——基于中国地区面板数据的实证检验》，《南方金融》2008年第1期。

⑤ 王翔、钱力：《金融发展视角下中国的资本形成与银行业市场结构》，《江淮论坛》2009年第2期。

国非国有经济的增长[①]；尹希果和孙惠（2012）则通过建立空间面板数据模型，考察了银行业竞争结构对国际贸易影响的区域差异性，研究发现省际银行业竞争结构差异是造成各省份对外贸易差异的原因，加快落后地区中小银行的发展、缩小省际银行业结构差异有利于国际贸易差距的减小。[②]

关于银行业市场结构对产业增长的影响，研究成果相对较少，现有的研究主要有林毅夫等（2003）、邵平等（2007）、高玮（2010）等，这些研究基本上都认为银行业集中度的提高不利于产业增长。同时，上述研究中，林毅夫等（2003）应用的是跨国数据，只有邵平等（2007）、高玮（2010）以中国为研究对象。此外，邵平等（2007）、高玮（2010）主要使用行业数据，进而假定各个产业在同一时期面临相同的银行业市场结构。具体而言，林毅夫等（2003）运用1982—1990年的跨国数据实证分析了银行业市场结构与产业增长之间的关系，研究发现银行业集中度对产业增长存在显著为负的影响。[③] 邵平等（2007）利用1991—2006年上市公司数据汇总而成的行业数据，分析了银行集中度与产业增长之间的关系，实证分析结果显示，产业平均资产增长率与银行业集中度存在显著的负相关关系。[④] 高玮（2010）依据中国1998—2008年14个行业数据，考察了银行业竞争程度对不同外部融资依赖程度的产业的影响，得出了银行业市场竞争程度的提高有利于外部融资依赖度较高类型的产业部门增长的结论。[⑤]

关于银行业市场结构对企业成长（发展）的影响，主要研究成果有李斌和江伟（2006）、雷震和彭欢（2010）、李涛（2004）、刘湘勤

---

① 冯尧、廖晓燕、彭欢：《银行业市场结构与非国有经济增长》，《统计研究》2011年第3期。

② 尹希果、孙惠：《中国的银行业竞争结构对国际贸易影响的区域收敛性》，《数量经济技术经济研究》2012年第6期。

③ 林毅夫、章奇、刘明兴：《金融结构与经济增长：以制造业为例》，《世界经济》2003年第1期。

④ 邵平、秦龙、孔爱国：《商业银行对产业发展的催化——来自中国的证据（1991—2006）》，《金融研究》2007年第12期。

⑤ 高玮：《外部融资依赖度、银行业竞争与经济增长——基于中国制造业的分析》，《当代财经》2010年第4期。

和龙海雯（2007）等。李斌和江伟（2006）通过中国2001—2003年605家上市公司数据，分析了银行业市场结构对企业成长的影响，实证结果显示银行业集中度的降低有利于企业的成长。[①] 雷震和彭欢（2010）运用中国1995—2006年30个省市（区）的面板数据分析了银行业市场结构对中小企业生成的影响，研究发现中小银行的市场份额上升有利于中小企业的生成。[②] 李涛（2004）运用跨国数据实证检验了法治、银行业发展程度、银行业市场结构和政府管制措施对中小企业发展程度的影响，实证结果显示银行业市场结构对中小企业发展的影响不稳定或不显著，研究结果还否定了中小企业发展的“银行发展论”和“政府管制论”，相反却支持了“法治论”。[③] 刘湘勤和龙海雯（2007）运用中国跨省数据，实证检验了制约中小企业发展的两种观点：“银行结构观”和“信用制度观”，结果支持了“信用制度观”，却没有发现支持“银行结构观”的证据，但该文由于控制的变量较少，其结论的可信度较低。[④]

关于银行业市场结构对中小企业融资的影响，研究文献基本上都认为中小银行在中小企业融资中具有比较优势，在中国继续深化国有银行改革的同时，更重要的是积极鼓励中小银行的发展，提高中小银行在银行业中的比例，建立与经济结构相匹配的银行业市场结构。如李志赟（2002）建立了一个中小企业融资问题的分析框架，探讨了银行结构和中小企业融资问题的关系，银行业的垄断结构和经济中摩擦因素过多、信息不对称问题严重，是导致中国中小企业融资难的根本原因，研究发现引入中小金融机构将使中小企业得到的信贷增加，增加社会的总体福利。[⑤] 鲁丹和肖华荣（2008）从信息生产角度出发，

---

① 李斌、江伟：《金融发展、融资约束与企业成长》，《南开经济研究》2006年第3期。

② 雷震、彭欢：《银行业市场结构与中小企业的生成：来自中国1995—2006年的证据》，《世界经济》2010年第3期。

③ 李涛：《政府管制、法治、银行发展与中小企业发展》，《经济学》（季刊）2004年第1期。

④ 刘湘勤、龙海雯：《银行结构、信用环境与中小企业发展：基于中国跨省数据的实证分析》，《西北大学学报》（哲学社会科学版）2007年第6期。

⑤ 李志赟：《银行结构与中小企业融资》，《经济研究》2002年第6期。

研究了银行业市场结构对中小企业融资效率的影响，认为在长期内要促进银行业竞争和中小银行市场发展以应对中小企业的融资困境。[①]方军雄（2012）通过1999—2007年中国各地区工业企业面板数据，考察了银行业规模结构对中小企业银行信贷的影响，发现随着中小银行市场份额的上升，中小企业与大型企业银行信贷之间的差异随之缩小。[②]

综合来看，国内关于银行业市场结构经济影响的研究主要有以下几个特点：

（1）从研究范畴来看，虽然现有研究包含了如上文所述的四个方面，但主要集中于分析银行业市场结构对整体经济增长的影响，其他方面特别是银行业市场结构对产业增长影响的研究则相对较少。

（2）就银行业市场结构对经济增长影响的研究而言，大部分文献认为银行业集中度对经济增长产生显著的负面影响，银行业集中度的提高不利于经济增长。

（3）在对银行业市场结构指标选择方面，大部分研究用银行业存款集中度或贷款集中度来表示，但林毅夫等（2006）、林毅夫和孙希芳（2008）提出从规模结构方面来理解银行业结构，林毅夫和姜烨（2006）认为，尽管银行业集中度是银行业市场结构的重要方面，但该指标并不完美，由于中小企业在中国经济增长中占有主导地位，以与中小企业相匹配的中小银行为主体的银行体系也许更为有效。但实际上，在实证研究中，中小银行所占市场份额与银行业集中度指标并无多大差别，因为中小银行所占市场份额即为1与银行业集中度（以四大国有商业存款或贷款份额表示）之差。

三　评述

综上所述，关于银行业市场结构的经济影响的研究，国内外已经取得了不少重要成果，但仍然存在较多的不足之处：第一，在研究视角上，理论上国外研究主要集中于分析银行业市场结构与经济增长之

---

① 鲁丹、肖华荣：《银行市场竞争结构、信息生产和中小企业融资》，《金融研究》2008年第5期。

② 方军雄：《银行业规模结构、中小企业银行信贷与经济增长》，《会计与经济研究》2012年第2期。

间的关系，并侧重于从银行业市场结构对产业增长和产业市场结构的影响方面进行实证检验；相反，国内研究则主要讨论银行业市场结构对整体经济增长等的宏观影响，对产业增长影响等方面的分析则相对较少。国内外研究在分析银行业市场结构的经济影响时，都缺乏其对产业发展的重要方面如技术创新的影响和产业对环境影响的系统研究。第二，在分析银行业市场结构对产业增长的影响时，国外研究主要以发达国家为研究对象，并以跨国数据（或美国国内数据）研究为主，因而缺乏对发展中国家的讨论。而国内研究则主要使用行业数据，假定各个产业在同一时期面临相同的银行业市场结构，进而分析中国整体的银行业市场结构演变对各行业产业增长的影响，却没有考虑到不同地区产业所面临的银行业市场结构的不同。第三，国内关于银行业市场结构对产业增长影响的研究，在实证分析过程中，基本上都缺乏对银行业市场结构变量内生性的讨论，进而有可能导致实证结果的估计偏误。

正如 Rajan 和 Zingales（1998）所指出的，只有从产业层面才能更为深刻地理解“金融—增长”之间的关系。基于此，本书将不局限于分析银行业市场结构对整体经济增长的宏观影响，而是从产业层面对银行业市场结构的经济影响进行深入研究。针对既有研究现状及其存在的不足，本书将以全球最大的发展国家——中国为研究对象，系统分析银行业市场结构对中国工业发展的影响。具体而言，本书将考虑到中国各地区银行业市场结构的差异，分析银行业市场结构对工业产业增长的影响，并将研究范围扩展到分析银行业市场结构对工业产业技术创新和工业减排的影响。此外，在实证分析过程中，也将运用工具变量估计和系统广义矩估计等方法以尽可能地消除回归分析中可能存在的内生性问题。

第二节　基础理论

自金融在经济发展中的作用得到重视以来，国内外不少学者关注金融与经济增长之间的关系，这些理论虽然不是直接论述银行业市场结构对产业发展的影响，但却与本书主题间接相关，本书讨论的内容即是以这些研究为理论基础从而进一步展开的。因此，有必要对这些文献进行梳理。

一　金融—增长相关理论

（一）金融发展与经济增长

1. 第一代金融发展理论：金融深化论

对金融与经济增长之间关系的研究，最早可追溯到 Schumpeter（1912）等的研究。Schumpeter（1912）认为，技术创新是经济增长的源泉，而企业家则是技术创新的主要组织者和推动者。技术创新需要资本投入，资本的主要来源则是银行信贷，由于银行能“甄别出最有可能实现产品和生产过程创新的企业家，通过向其提供资金来促进技术进步”，因此，Schumpeter（1912）认为，银行体系在经济增长过程中起着十分重要的作用。① 在 Schumpeter（1912）等研究的基础上，Patrick（1966）提出了供给引导和需求跟进假说，认为在经济起步阶段，金融引导经济增长；而当经济进入快速增长阶段，经济中的摩擦则会对金融服务产生需求进而刺激金融发展。② Goldsmith（1969）则最先提出了“金融发展”概念，并使金融发展成为一个相对独立的研究领域。依据 1860—1963 年 35 个国家数据，Goldsmith（1969）发现“金融—增长”之间存在大致平行的关系，但其并未确认金融发展与经济增长之间的因果关系。③

受第二次世界大战后发展经济学思潮的影响，McKinnon（1973）和 Shaw（1973）以发展中国家金融问题为研究对象，提出了金融抑制与金融深化理论，这也标志着金融发展理论的正式形成，这一时期的金融发展理论被称为第一代金融发展理论（也称为传统金融发展理论）。

---

① Schumpeter J. A. , *The Theory of Economic Development*, Cambridge: Harvard University Press, 1912.

② Patrick H. T. , Financial Development and Economic Growth in Underdeveloped Countries: A Reply, *Economic Development and Cultural Change*, Vol. 20, No. 2, 1966, pp. 326 – 329.

③ Goldsmith. P. G. , *Financial Structure and Development*, New Haven: Yale University Press, 1969.

McKinnon（1973）和 Shaw（1973）发现，发展中国家普遍存在金融抑制现象，政府一般对利率进行严格管制。在利率管制下，普遍存在的通货膨胀使发展中国家的实际利率为负，这一方面降低了储蓄者的储蓄意愿，导致资金供给萎缩从而削弱了金融体系集聚金融资源的能力；另一方面则诱导了对资金的过度需求，导致信贷配给，国家根据自己的偏好分配金融资源又进一步损害了金融体系的资源配置功能。通常情况下，处于金融抑制状态下的经济体，经济货币化程度低，金融体系不发达；金融体系高度集中，缺乏竞争机制；金融业法治不健全，金融活动不规范；金融结构不合理，金融资产对储蓄者和投资者吸引力不强等。为了消除金融抑制对经济增长的阻碍作用，McKinnon（1973）和 Shaw（1973）认为有效的途径在于金融深化，即通过减少和规范政府对金融的干预，放松利率管制，使实际利率为正，从而恢复金融体系集聚金融资源的能力；同时通过货币交换和金融市场的发展，使货币和金融资产的发行成为促进投资和加快资本形成的必要条件。①②

对于金融发展如何促进经济增长，McKinnon（1973）放弃了传统金融理论中实质经济与货币经济是相互竞争的替代品的假设，并认为，金融抑制状态下，发展中国家的投资实际上依靠的是内源融资而不是外源融资。如果减少金融抑制，使实际存款利率为正，那么货币将成为潜在投资者的保值手段并成为投资的先决条件（或渠道），内源融资的资本形成机会也随之扩大，这就是所谓的“渠道效应”。而“渠道效应”也将使生产者所持有的实质现金余额增大，进而提高了获得外部融资的可能性，并最终促进资本的形成和经济增长。而 Shaw（1973）则提出了“债务媒介论”，认为货币在整个社会中发挥着各种媒介作用，能通过降低生产、交易成本而提高生产效率，因此增加经济的货币化程度能促进储蓄和投资进而有利于经济增长。

金融发展理论的提出对发展中国家金融体制改革与金融政策的制

① McKinnon R. I., *Money and Capital in Economic Development*, Washington, D. C.: Brookings Institution, 1973.

② Shaw E. S., *Financial Deepening in Economic Development*, New York: Oxford University Press, 1973.

定产生了深远影响，但在 McKinnon（1973）和 Shaw（1973）的理论框架中，经济依然被割裂为金融部门和实体部门，金融部门并不创造财富，同时他们也只注意到了金融体系在集聚金融资源中的作用，忽视了金融体系通过信息生产有效配置资源以及公司治理、风险管理等其他方面的功能。

2. 第二代金融发展理论：内生金融发展理论

许多急于发展经济、摆脱贫困的发展中国家先后利用传统金融发展理论进行了金融自由化改革，但随之出现的金融不稳定现象又使之失去了解释力。20 世纪 80 年代内生增长理论的形成为金融发展理论的发展提供了新的动力，进入 20 世纪 90 年代，以 Levine 等为代表的一些经济学家在汲取内生增长理论的基础上，采用最优化方法重新分析了金融中介和金融市场如何内生于经济增长以及金融发展对经济增长的作用机制，这时的金融发展理论又被称为第二代金融发展理论或新金融发展理论。

第二代金融发展理论摒弃了第一代金融发展理论将金融市场和金融中介当作外生给定的分析框架，转而从效用函数入手，通过引入不确定性、不对称信息和监督成本等概念，建立起各式各样有微观基础的模型，进而揭示出金融中介、金融市场的形成和金融发展影响经济增长的内生机制。其中，比较有代表性的理论模型主要有 Bencivenga 和 Smith（1991）、Allen 和 Gale（1997）、Boot 和 Thakor（1997）、Greenwood 和 Smith（1997）等。Bencivenga 和 Smith（1991）提出了包含多种资产的内生增长模型，认为当事人随机的（或不可预料的）流动性需求导致了金融中介的形成。[①] Allen 和 Gale（1997）则认为在市场不完全条件下，金融中介是一种能提供跨期平滑作用的制度机制。[②] Boot 和 Thakor（1997）认为，信息获取和信息汇总上的优势导

① Bencivenga V. , Smith B. , Financial Intermediation and Economic Growth, *Review of Economic Studies*, Vol. 58, No. 2, 1991, pp. 195 – 209.

② Allen F. , Gale D. , Financial Markets, Intermediaries, and Intertemporal Smoothing, *Journal of Political Economy*, Vol. 105, No. 3, 1997, pp. 523 – 546.

致了金融市场的形成。[①] Greenwood 和 Smith（1997）则指出运行成本或参与成本导致了金融中介和金融市场的形成。[②]

在第二代金融发展理论中，大量的研究在建立结构严谨的理论模型基础上，还对金融发展与经济增长之间的关系进行了实证检验。这些研究使用跨国宏观经济数据、产业或企业层面数据，使用面板回归、时间序列分析等方法，最具代表性的研究主要有 King 和 Levine（1993）、Levine 和 Zervos（1998）、Rajan 和 Zingales（1998）等。

King 和 Levine（1993）使用 1960—1989 年 77 个国家数据分析了金融发展与经济增长之间的关系。他们用四个指标来衡量金融发展：（1）金融发展规模指标，用金融机构全部流动性负债占 GDP 比重来表征；（2）私人部门信贷占 GDP 的比重；（3）私人部门信贷占全部国内信贷的比重；（4）商业银行发展指标，用商业银行全部国内资产除以商业银行和中央银行全部国内资产之和的比值来表征。在控制住各国初始收入水平、通货膨胀率、进出口总额占 GDP 比重、人力资本水平、政府支出占 GDP 比重后，King 和 Levine（1993）运用 OLS 方法和工具变量方法分析了金融发展对人均 GDP 增长、物质资本增长、全要素生产率增长的影响，结果显示，金融发展确实是驱动经济增长的重要原因。[③]

Levine 和 Zervos（1998）则对 King 和 Levine（1993）的研究进行了扩展，将股票市场发展也纳入金融发展范畴，他们用规模—资本化指标、流动性指标、国际一体化指标、股票收益变动性指标来衡量股票市场发展状况。利用 1976—1993 年 47 个国家数据，研究发现，银行发展、股票市场发展都和经济增长、资本积累、全要素生产率之间

---

① Boot A. W. A., Thakor A. V., Financial System Architecture, *The Review of Financial Studies*, Vol. 10, No. 3, 1997, pp. 693 – 733.

② Greenwood J., Smith B. D., Financial Markets in Development, and The Development of Financial Markets, *Journal of Economic Dynamics and Control*, Vol. 21, No. 1, 1997, pp. 145 – 181.

③ King G., Levine R. Finance and Growth: Schumpeter Might be Right, *The Quarterly Journal of Economies*, Vol. 108, No. 3, 1993, pp. 717 – 737.

呈显著的正相关关系。[①]

虽然 King 和 Levine（1993）、Levine 和 Zervos（1998）等研究对金融发展与经济增长之间的关系进行了有力的论证，但其研究始终停留在宏观数据层面，尚未导入产业和企业层面。而 Rajan 和 Zingales（1998）则首次将“金融—增长”的相关研究深入到产业层面，进一步从不同产业对外源融资的依赖程度考察了金融发展与产业增长之间的关系。[②] Rajan 和 Zingales（1998）确立了金融与产业增长关系研究的基本方法，前文大多数关于银行业市场结构与产业增长关系的国外研究即是以其方法为基础展开的，同样本书关于银行业市场结构对产业增长影响的研究也建立在其分析框架的基础上。因此，在这里将对 Rajan 和 Zingales（1998）进行重点介绍。

Rajan 和 Zingales（1998）认为，由于生产技术等方面的原因，不同的产业对外部融资的依赖程度也会不同，一些产业可能严重依赖于外部融资（这些产业可以称为外部融资依赖产业），而另一些产业则可能对外部融资依赖程度较低。对于外部融资依赖产业而言，外部融资障碍就构成了产业增长的重要障碍，如果金融体系是充分有效的，那么这种障碍就可以极大地缓解或消除，这些产业也就能获得相对的增长优势。因此，Rajan 和 Zingales（1998）的假设是：严重依赖外部融资的产业在金融发展程度更高的国家可以获得更高的增长率，他们运用以下模型来验证其假设是否成立：

$$Growth_{ik} = \alpha C + \beta I + \gamma Share_{ik} + \delta \left[External_k \times FD_i \right] + u_{ik} \qquad (2-1)$$

其中，$Growth_{ik}$为第 i 个国家第 k 个产业的产业增长率；FD_i 为国家 i 的金融发展水平，用总资本化率、私人部门信贷比重、会计标准来衡量；$External_k$ 为产业 k 的外部融资依赖程度；$Share_{ik}$为期初 k 产业在 i 国制造业中所占的比重；C 和 I 是不同国家和产业的虚拟变量矩阵。模型中的待估系数 u_{ik}是分析的焦点，如果 u_{ik}显著为正，则说明外部依赖程度较高的行业在金融发展程度更高的国家增长得更快。

---

① Levine R., Zervos S., Stock Markets, Banks, and Economic Growth, *The American Economic Review*, Vol. 88, No. 3, 1998, pp. 537 – 558.

② Rajan R. G., Zingales L., Financial Dependence and Growth, *American Economic Review*, Vol. 88, No. 3, 1998, pp. 559 – 586.

运用41个国家36个产业数据，Rajan和Zingales（1998）通过外部融资机制检验了金融发展对产业增长的影响，研究发现，在金融发展程度高于平均水平的国家，外部融资依赖性较强的行业（如药品、塑料和计算机），其增长率明显要高于金融发展程度低于平均水平的国家。

（二）金融结构与经济增长

Goldsmith（1969）首先提出“金融结构”概念，并系统阐述了金融结构与经济发展之间的关系。所谓金融结构是指一国金融工具、金融机构的形式、性质及其相对比例，包括实物资产与金融资产的总量关系；金融资产与负债在各种金融工具、各个经济部门中的分布；金融中介机构中各种分支机构的集中程度，等等。Goldsmith（1969）认为，金融发展即是金融结构的变化，研究金融结构的目的在于揭示金融发展的规律，他还用8个指标来度量金融的规模和结构，其中最重要的一个指标为金融相关比率（FIR），即全部金融资产与全部实物资产（即国民财富）价值之比。Goldsmith（1969）指出，金融相关比率（FIR）的变化呈现一定的规律性，随着金融发展水平的提高，金融相关比率（FIR）将先快速上升，然后趋于稳定。

按金融系统的不同与差别，金融系统可以被划分为银行主导型金融结构和市场主导型金融结构。自Goldsmith（1969）后，许多经济学家对金融结构进行了比较研究，具体来说，这些研究从理论上可以被划分为：银行主导论、市场主导论、金融服务论和法律制度论。

银行主导论者强调银行对经济增长的积极作用，认为银行主导型金融结构比市场主导型金融结构更有优势。相关的研究主要从交易成本和信息不对称等角度展开，并在强调银行在信息获取、风险管理、公司治理、资金动员与配置等方面功能的同时，批评金融市场无法提供与此类似的金融服务进而不利于资源配置和经济增长。如Stiglitz（1985）认为，直接融资市场向所有的投资者揭示信息，会产生“搭便车”问题，而银行主导型金融结构下，银行不必将获得的信息在公开市场上披露因而可以有效地避免“搭便车”问题。[①] Diamond（1984）认为，银行将分散的储蓄集中起来，可以避免投资者个人对借款者的重复监督，在减少借款道德风险上具有规模经济。[②] Shleifer 和 Vishny（1986）认为，股票市场较高的流动性虽然能降低投资者的退出成本，但也使所有权更为分散进而导致单个股东缺乏有效监督管理者的激励，而银行主导型金融结构则不具有这一缺陷。[③] Kang 和 Stulz（2000）认为，由于银行会承诺根据项目的进展情况对企业追加投资，因此，它能对需要分阶段融资的创新活动提供外部资金支持，而股票市场则不具有这一优势。[④]

市场主导论者强调金融市场相对于银行的优势和金融市场对经济增长的积极作用。相关的研究基本认为，银行主导型金融结构下，银行对企业的影响力比较大（即银行强势），并由此会带来一系列的负面效应，而市场主导型金融结构则能通过较强的流动性凸显出激励创新、获取信息、提高公司治理效率等方面的优势。如 Rajan（1992）认为一旦银行获得了大量有关企业的内部信息，就可以从企业获取租金，这一方面将使企业减少对有利可图项目的投资，另一方面也将对企业的创新行为有所阻碍。[⑤] Allen 和 Gale（1999）认为，虽然银行在信息收集处理上更经济、更有效，但在非规则情形或充满不确定性的环境中，银行在信息获取上不占优势，金融市场反而能向投资者更有效地传递信息。[⑥] Wenger 和 Kaserer（1998）认为，银行也是自身利益最大化者，如果缺乏必要的限制，实力强大的银行则可能与经理层共谋

---

① Stiglitz J. E., Credit Markets and the Control of Capital, *Journal of Money, Credit and Banking*, Vol. 17, No. 2, 1985, pp. 133 – 152.

② Diamond D. W., Financial Intermediation and Delegated Monitoring, *Review of Economic Studies*, Vol. 51, No. 3, 1984, pp. 393 – 414.

③ Shleifer A., Vishny R. W., Large Shareholders and Corporate Control, *Journal of Political Economy*, Vol. 94, No. 3, 1986, pp. 461 – 488.

④ Kang J. K., Stulz R. M., Do Banking Shocks Affect Borrowing Firm Performance? An Analysis of the Japanese Experience, *Journal of Business*, Vol. 73, No. 1, 2000, pp. 1 – 23.

⑤ Rajan R. G., Insiders and Outsiders: The Choice between Informed and Arms – Length Debt, *The Journal of Finance*, Vol. 47, No. 4, 1992, pp. 1367 – 1440.

⑥ Allen F., Gale D., Diversity of Opinion and the Financing of New Technologies, *Journal of Financial Intermediation*, Vol. 8, No. 1 – 2, 1999, pp. 68 – 89.

而对其他外部投资者采取不利的举动，使公司治理不能有效地进行。[①]

金融服务论是基于金融功能观来对金融结构进行考察，金融服务论者不赞成二分法的金融结构观点（即将银行和金融市场对立），认为金融中介和金融市场是互补品而不是替代品，重要的是金融体系提供的功能对经济发展起到了多大的促进作用，至于究竟是银行主导型结构还是市场主导型结构则只是一个次要的问题。正是由于不同金融结构所提供的金融服务在效率和有效性上存在差异，其才会对经济增长的影响表现各异。因此，问题的关键不在于是由银行还是金融市场来提供这些服务，而在于创造一个能更有效地提供服务的环境，并使得二者在提供金融服务时能够发挥各自优势、互相补充以满足企业的融资需求（Boyd and Smith，1998）。[②] 至于金融体系的功能，Merton 和 Bodie（1995）认为，金融体系具有六大基本功能：清算和支付结算、聚集和分配资源、在不同时间和空间之间转移资源、风险管理、信息揭示和解决激励问题。[③] Levine（1997）则进一步将金融系统的主要功能概括为：动员储蓄，配置资源，公司治理，网络管理，便利货物，服务和契约交换（如图 2－1 所示）。[④]

法律制度论者同样反对将银行和金融市场置于对立面，强调法律制度对金融部门所产生的影响。在金融服务论的基础上，法律制度论进一步认为制度环境，尤其是法律制度决定了各国金融结构的形成、金融体系所能够提供的金融服务的内容和质量及其经济绩效。La Porta 等（1997；1998）最先分析了法律起源与金融结构之间的关系，在将发达国家法律体系分成四类（即普通法体系、德国民法体系、法国

---

① Wenger E.，Kaserer C.，German Banks and Corporate Governance：A Critical View，in Hopt K. J.，Kanda H.，Roe M. J.，Wymeersch E.，and Prigge S.（eds.），*Comparative Corporate Governance – The State of the Art and Emerging Research*，Oxford：Clarendon Press，1998，pp. 499 – 536.

② Boyd J. H.，Smith B. D.，The Evolution of Debt and Equity Markets in Economic Development，*Economic Theory*，Vol. 12，No. 3，1998，pp. 519 – 560.

③ Merton R. C.，Bodie Z.，A Conceptual Framework for Analyzing the Financial Environment，in Crane，et al.（eds.），*The Global Financial System：A Functional Perspective*，Boston：Harvard Business School Press，1995，pp. 78 – 137.

④ Levine R.，Financial Development and Economic Growth：Views and Agenda，*Journal of Economic Literature*，Vol. 35，No. 2，1997，pp. 688 – 726.

民法体系和斯堪的纳维亚法体系）之后，研究发现，对产权保护程度和合约执行更好的国家，其直接融资市场更为发达，反之，则银行系统发展得更好；股东保护机制更完善（如具有较好的会计准则），企业更趋向于从外部金融市场进行融资。研究结果显示，法律传统对一国金融结构的形成起着十分重要的作用。①②

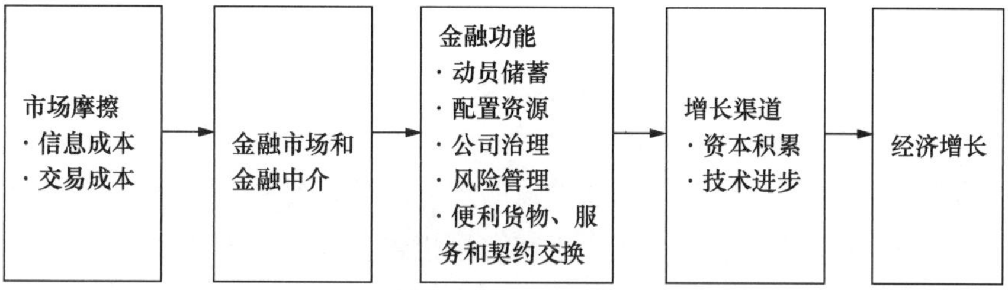

图2－1　金融体系功能和经济增长

针对理论上的争执，不少研究者试图从实证的角度对上述的几种观点进行论证。如 Levine（2000）利用跨国数据研究了不同金融结构对经济增长的影响，发现金融结构的作用并不显著。③ 而 Tadassee（2000）同样利用跨国数据发现，虽然无法否认金融市场和银行在提供金融服务上有互补之处，但市场主导型金融结构与银行主导型金融结构之间的确存在明显差异。④ 值得一提的研究是 Beck 和 Levine（2002），其从产业层面分析了金融结构对产业增长的影响，以对银行主导论、市场主导论、金融服务论和法律制度论四种理论观点进行实

---

① La Porta R. , Lopez－de－Silanes F. , Shleifer A. , Vishny R. W. , Legal Determinants of External Finance, *Journal of Finance*, No. 52, 1997, pp. 1131－1150.

② La Porta. R. , Lopez－de－Silanes F. , Shleifer A. and Vishny R. W. , Law and Finance, *Journal of Political Economy*, No. 106, 1998, pp. 1113－1155.

③ Levine R. , *Bank－Based or Market－Based Financial Systems: Which Is Better*, University of Minnesota Mimeo, 2000.

④ Tadassee S. , *Financial Architecture and Economic Performance: International Evidence*, Working Paper, University of South Carolina, 2000.

证检验。① Beck 和 Levine（2002）在 Rajan 和 Zingales（1998）的基础上加入了金融结构指标，其具体模型如下：

$$Growth_{ik} = \alpha C + \beta I + \gamma Share_{ik} + \delta_1 [External_k \times FD_i] + \delta_2 [External_k \times FS_i] + u_{ik} \qquad (2-2)$$

其中，$Growth_{ik}$为第 i 个国家第 k 个产业的产业增长率和新企业增长率；$External_k$ 为产业 k 的外部融资依赖程度；$Share_{ik}$为期初 k 产业在 i 国制造业中所占的比重；C 和 I 是不同国家和产业的虚拟变量矩阵；FD_i 和 FS_i 为衡量 i 国的金融发展和金融结构的指标。

利用 42 个国家 36 个产业数据，Beck 和 Levine（2002）检验了金融结构是否促进了外部依赖性较强的产业增长、是否促进了新企业的增长和资本配置效率的提高，研究结果拒绝了银行主导论和市场主导论，支持了金融服务论和法律制度论，那些严重依赖外部融资的产业在具有较高金融发展水平和法律体系能有效保护投资者的经济中都实现了更快的增长。

二　银行业市场结构相关理论

（一）产业组织理论

分析银行业市场结构对产业发展的影响，首先要分析银行业市场结构。因此，有必要对市场结构的有关理论即产业组织理论进行考察。值得注意的是，产业组织理论主要分析某一特定市场的市场结构、市场行为与市场绩效之间的关系，而本书则不局限于银行业市场结构对自身绩效的研究，而是将其扩展为银行业市场结构对实体经济（中国工业）发展的影响。

产业组织理论在发展过程中先后出现过三个主要的学派，即哈佛学派、芝加哥学派和新产业组织理论。

哈佛学派以新古典学派的价格理论为基础，强调经验性的产业研究，通过把产业分成特定的市场，按结构、行为、绩效三个方面，构造了一个既能深入具体环节又有系统逻辑体系的市场结构（Structure）—市场行为（Conduct）—市场绩效（Performance）的分析框

---

① Beck T., Levine R., Industry Growth and Capital Allocation: Does Having a Market - or Bank - Based System Matter?, *Journal of Financial Economics*, No. 64, 2002, pp. 147 - 180.

架，简称SCP分析框架。其主要代表人物为梅森、贝恩、谢勒等，其中贝恩1959年《产业组织》一书的出版，标志着现代产业组织理论的基本形成。在《产业组织》一书中，贝恩最先提出了市场结构—市场行为—市场绩效的分析方法，并强调结构、行为、绩效之间存在着因果关系，即市场结构决定企业的市场行为，企业市场行为又决定其市场绩效。由此形成的政策含义是，为了获得理想的市场绩效，有必要通过公共政策来调整与改善不合理的市场结构。哈佛学派一方面以一般均衡理论所界定的完全竞争作为最具效率的分析基准，如以市场中企业数量的多寡作为相对效率改善程度的判定标准；另一方面又认为新古典价格理论并不能对不完全竞争现象进行有效分析，由此提出了产品差异化、进入壁垒等概念来分析不完全竞争市场的行为和效率含义。哈佛学派的结构主义观点，对战后西方发达国家反垄断政策实践产生了重大影响。

芝加哥学派则坚持自由主义经济思想，信奉自由市场经济中竞争机制的运用，认为产业组织问题仍然应该通过价格理论来进行研究，其主要代表人物为斯蒂格勒、德姆塞茨等学者。同哈佛学派以市场结构为分析重点不同，芝加哥学派则十分注重市场效率的研究，他们认为在SCP分析框架中，S、C、P之间的关系不是S→C→P，而应该是P→C→S，即市场绩效决定了市场行为进而又决定了市场结构。斯蒂格勒等从产业成长角度，认为市场集中度、企业规模大小与产业周期和经济效率有关，一个高集中度市场中的高利润不是来自垄断势力而是来自大企业的高效率。同时，他们还从规模经济的角度，认为凡在长期竞争中得以生存的规模都是最佳规模，故最佳规模存在多种不同的规模。

新产业组织理论是在20世纪80年代以来交易费用理论影响下发展起来的，以企业策略性行为作为分析的主旨。新产业组织理论以博弈论为分析方法，通过分析不完全竞争市场上企业行为特征，以揭示其效率含义。新产业组织论者认为，交易者的行为属性决定了交易活动所具有的复杂程度和不确定性，进而决定了交易费用的高低，而交易费用的高低又决定了企业规模的大小。由于市场结构由企业规模大小决定，因此，市场结构产生和变化的原因，与经济活动参与者的行为属性密切相关。这样，新产业组织理论将研究重点从结构环节转向了行为环节。新产业组织论者认为，应该以企业的行为作为判断其是否具有垄断意图的依据，而不能以企业规模大小或价格水平高低作为判断是否垄断的标准。因此，政府政策的重点不是去限定企业的规模和结构，而应该是规范企业的竞争行为，以反不正当竞争行为作为主要的政策目标。

（二）银行业市场结构的测度方法

银行业市场结构是构成市场主体的银行之间在数量、份额、规模等方面的相互关系及由此决定的竞争状态。银行业市场结构的变化直接反映出行业内银行的分布状态及银行市场竞争程度的变化。衡量银行业市场结构的方法可以分为结构法和非结构法①，结构法是研究中应用最多的方法，其主要依赖集中度等指标来衡量。具体而言，这些指标包括市场份额、集中度、赫芬达尔指数、洛伦兹曲线以及基尼系数等。下文将对这些基于结构法的银行业市场结构测度方法进行详细介绍。

1. 市场份额

市场份额是指行业中某企业的规模占行业总规模的比重，市场份额反映了企业在行业中的地位和市场影响力。对于银行业而言，某个银行的市场份额，现有的研究一般用该银行的资产、贷款、存款或利润占银行业全部金融机构的总资产、总贷款、总存款或总利润的比重来表示，市场份额越大，意味着该银行的市场支配势力越强。因此，通过资产份额、贷款份额、存款份额或利润份额的分析，可以度量整个银行业的竞争状况和主要商业银行的市场地位。一般而言，单个银行占银行业的比重越大，行业中银行数量越小，银行业的垄断程度越高；反之，则竞争程度越高。

---

① 非结构方法即不依赖于集中度来衡量市场结构的方法，具体而言即 Panzar - Rosse 模型（Panzar and Rosse，1987）、Iwata 模型（Iwata，1974）和 Bresnahan 模型（Bresnahan，1982）等。在现实研究中，Iwata 模型和 Bresnahan 模型需要同类产品成本与产出的微观数据，因此应用较少，相反 Panzar - Rosse 模型则应用较多。Panzar - Rosse 模型假设银行所面临的投入要素价格发生变动时，银行会根据其所面临的不同市场结构采取不同的定价策略，因而通过银行收益对要素价格的弹性（即 H 值）可以判断出银行所处市场的竞争状况。

2. 集中度

集中度是指市场上规模处于前几位企业所占有的市场份额总和。对于银行业而言，即为规模最大的前几家银行的市场份额之和，当然，统计的口径同样可以是资产、贷款、存款等。集中度的计算公式为：

$$CR_n = \sum_{i=1}^{n} X_i / \sum_{i=1}^{N} X_i \tag{2-3}$$

其中，CR_n 为行业中规模最大的前 n 个企业的市场集中度（一般而言，n 通常取 4 或 8，最常用的为 CR_4，即行业中规模最大的前 4 家企业所占有的市场份额），N 代表行业中的总企业数，X_i 代表市场中第 i 个企业的反映规模的相应指标值，对于银行业而言，X 可以是资产、贷款、存款等。

CR_n 接近于 0，意味着规模最大的前 n 家银行仅占有了市场很小的部分；而 CR_n 接近于 1，意味着前 n 家银行所占有的市场份额大，市场集中度高，行业的垄断程度也高。

虽然集中度仅仅反映行业中规模最大的前几位企业的市场份额，不能体现行业内全部企业的规模分布状况，但由于集中度指标测定相对容易，同时能较好地反映市场的垄断与竞争状况，因此集中度是目前使用较为广泛的市场结构衡量指标。贝恩曾根据集中度指标将市场结构分为六个等级，如表 2－1 所示。

表 2－1　贝恩定义的按 CR_4 区分的市场结构类型

市场集中度（CR_4）	市场企业数量	市场类型
75% 以上	1—40	极高寡占型
65%—75%	20—100	高寡占型
50%—65%	较多	中（上）集中寡占型
35%—50%	很多	中（下）集中寡占型
30%—35%	很多	低集中寡占型
30% 以下	极多	原子型

资料来源：杨公朴、夏大慰：《产业经济学教程》，上海财经大学出版社 2002 年版，第 158 页。

3. 赫芬达尔指数

赫芬达尔指数（HHI）又称赫希曼—赫芬达尔指数，它较好地反映了产业内全部企业的规模分布状况，是反映市场结构的综合指标。赫芬达尔指数（HHI）是产业内所有企业的市场份额的平方和，其公式为：

$$\text{HHI} = \sum_{i=1}^{N} (X_i/X)^2 = \sum_{i=1}^{N} S_i^2 \qquad (2-4)$$

其中，HHI 为赫芬达尔指数；X 代表市场总规模；X_i 代表第 i 家企业的规模，对于银行业而言，同样可以是资产、贷款、存款等；N 为行业中总的企业数；S_i 为第 i 家企业所占有的市场份额。

同绝对集中度指标 CR_n 一样，赫芬达尔指数（HHI）的值在 0 到 1 之间，其越接近于 0 表示市场的竞争程度越高，而越接近于 1 则表示市场的垄断程度越高。一般情况下，市场为低集中度的市场时，HHI 小于 0.1；市场为适度集中的市场时，HHI 大于 0.1 且小于 0.18；而市场为高度集中的市场时，HHI 大于 0.18。

4. 洛伦兹曲线和基尼系数

除了以上指标外，洛伦兹曲线和基尼系数也是反映市场结构的常用指标。

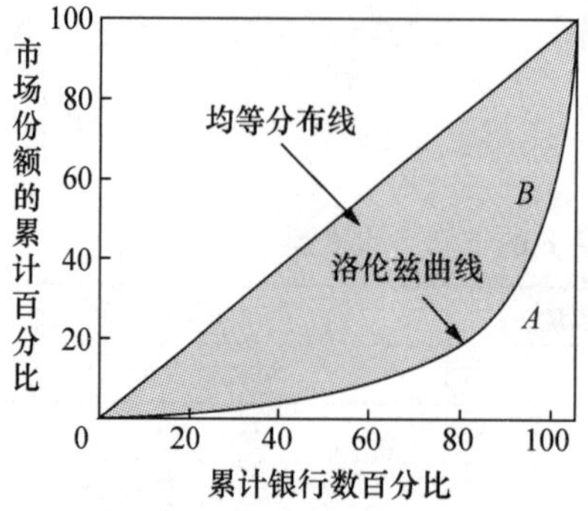

图 2-2 洛伦兹曲线

洛伦兹曲线描绘的是市场占有率与市场中由小到大企业的累计百分比之间的关系，它反映了产业内全部企业的市场规模分布状况。就银行业而言，洛伦兹曲线如图 2-2 所示，横轴表示从规模最小的银行开始的银行数量的累计百分比，纵轴表示这些银行的市场份额的累计百分比。当行业内所有银行的规模完全相同时，洛伦兹曲线与图中的 45°线重合，而当洛伦兹曲线越偏离 45°线时，银行规模分布不均匀程度越突出，行业的竞争程度越低。

基尼系数是以洛伦兹曲线为基础来计算的，是洛伦兹曲线和均匀分布线围成的面积与均匀分布线右下方三角形面积之比，在图 2-2 中，即为 $B/(A+B)$。基尼系数在 0 到 1 之间，当基尼系数等于 0 时，说明所有银行规模完全相等；而基尼系数越接近 1，则意味着银行规模的分布越不均匀，市场集中程度越高。

洛伦兹曲线和基尼系数可以反映出市场上所有企业的规模分布，但它们也存在一定的局限性。如当两条不同形状的洛伦兹曲线所围成的相对面积大小相等时，可以得到一样的基尼系数，因此基尼系数并不代表市场中唯一的企业规模分布。同时，洛伦兹曲线和基尼系数反映的是市场中企业规模分布的不均匀程度，忽视了企业数量的差异对市场集中度的影响。

综合来看，上述指标在测度银行业市场结构时，各有优势。市场份额和集中度能较好地反映行业内领先企业的集中程度但并未体现行业内全部企业的规模分布状况；而赫芬达尔指数、洛伦兹曲线和基尼系数则完全相反，能较好地体现行业内全部企业的数量和规模不均衡的程度，但却不能反映出行业内领先企业的集中程度。为此，后文在对银行业市场结构进行测度时，将综合运用多种测度方法。

三　总结

综上所述，自 Goldsmith（1969）、McKinnon（1973）、Shaw（1973）等关注金融发展理论以来，国内外大量文献分析了金融对经济增长的影响，并很自然地将研究视角延伸至金融与产业发展之间的关系。Rajan 和 Zingales（1998）、Beck 和 Levine（2002）开创性地将金融发展、金融结构与产业发展结合起来，但这些研究对金融发展与金融结构的讨论融合了股票市场和银行部门的综合考虑，特别是对于金融结构更多的是争论银行和股票市场谁能更好地促进产业增长，同时将产业发展的范畴也仅局限于产业增长。本书的研究虽然不是直接分析金融对经济增长的影响，但却与既有的“金融—增长”文献间接相关，并与这些文献一脉相承。对中国而言，直接融资市场一直不够发达，银行是金融体系的主体，中国的金融结构其实更多地体现为银行业市场结构。因此，本书不去比较银行和股票市场各自在产业发展中的作用，而是将注意力集中于银行业市场结构，分析银行业市场结构对中国工业发展的影响。对工业发展的理解也并不局限于其产业增长，而是包括技术创新和工业减排等其他方面。此外，本书也将在产业组织理论和银行业市场结构的测度方法的基础上，对中国银行业市场结构进行多方面的测度与分析，从而为进一步讨论银行业市场结构对中国工业发展的影响做出铺垫。

第三章　银行业市场结构与工业发展：事实与特征

为深入探讨银行业市场结构对中国工业发展的影响，有必要对银行业市场结构与工业发展特征进行分析，以发现二者之间的初步关系，进而为后文的理论分析和实证研究奠定基础。因此，本章将详细分析中国银行业市场结构与工业发展的基本特征。具体来说，本章将首先回顾改革开放以来中国银行业市场结构的演变历程，并用市场份额、市场集中度和赫芬达尔指数等多个指标对银行业市场结构进行测度与分析，此外还将从产业增长、技术创新和工业污染物排放三个方面分析中国工业发展现状。虽然在后文的实证研究中，银行业市场结构与工业发展使用的是地区层面的数据，但为了对二者进行更为客观的刻画，本章在具体的分析过程中，将不局限于地区维度，还从时间维度分析中国银行业市场结构的变化趋势，并从时间维度和行业维度对工业发展进行事实描述。

第一节　中国银行业市场结构的演变历程

改革开放之前，中国的资金安排与配置基本上都是由财政来实施的，银行也承担着部分财政职责，因此，中国的融资制度是“大财政、小金融”。相应地，金融体制是与计划经济体制相配套的“大一统”的计划金融体制，整个银行业只有中国人民银行一家银行，中国人民银行是全国唯一的货币发行中心、信贷与结算中心，它既是国家管理金融的行政机关，又是经办商业银行业务的银行机构。因此，改革开放之前，中国的银行业是完全垄断的。

改革开放之后，随着金融系统在经济发展中的地位越来越重要，中国银行业进行了相应的改革，银行业市场结构也发生了深刻的变化，即由中国人民银行单一垄断的银行体系转变为包含了国有商业银行、股份制商业银行、城市商业银行和外资银行等多种银行机构相互竞争的银行体系。当然，同中国经济渐进式改革一样，金融体制改革也是渐进式的，银行业市场结构也是逐步发生变化的，具体而言，中国银行业市场结构的变化经历了以下几个阶段。

第一阶段：1979—1984 年，四大专业银行的形成与中国银行体系的重建时期。此阶段，中国金融体制改革的主要任务是改变中国人民银行仅仅作为财政“会计与出纳”的角色，并将商业银行从中央银行中分离出来，形成真正意义上的商业银行市场。其间，中国农业银行、中国银行、中国人民建设银行（即现在的中国建设银行）均于 1979 年恢复成立。1983 年 9 月 17 日，国务院颁布《关于中国人民银行专门行使中央银行职能的决定》，从此，中国人民银行成为专门从事金融管理、制定和实施货币政策的机构，不再办理针对企业和个人的信贷业务。同时根据这一决定，中国工商银行于 1984 年正式成立。四大国有商业银行的成立，标志着中国银行体系的重建基本完成。但由于四大国有商业银行存在严格的业务分工，如外汇业务基本由中国银行负责、农业贷款基本由中国农业银行来提供，等等，因此，此时的银行业市场结构只是由改革开放之前中国人民银行的单一金融业务垄断转变为由国家控制的四大国有专业银行垄断。

第二阶段：1985—1993 年，股份制商业银行与城市信用合作社成立，竞争性银行业市场真正建立的时期。为了解决中小企业融资难问题，中国先后推出了除四大国有银行之外的全新的金融机构：股份制商业银行和城市信用合作社。大量的城市信用合作组织成立于 1984 年以后，1986 年 7 月各大中城市的城市信用合作组织被中国人民银行统一定名为城市信用合作社。而 1986 年 7 月交通银行的成立，标志着股份制商业银行开始进入中国银行业市场，银行间的竞争态势开始形成。此后，招商银行、中信实业银行、深圳发展银行于 1987 年正式成立，福建兴业银行、广东发展银行于 1988 年成立，中国光大银行、上海浦东发展银行、华夏银行于 1992 年成立。股份制商业由于没有历史包袱，在建立之初就按照商业原则来运营，因此发展迅速。股份制商业银行和城市信用合作社的出现，促进了中国非国有经济（中小企业）的发展，同时它们的出现也意味着银行体系中新的竞争力量的出现，四大国有商业银行不得不积极参与到银行业的市场竞争中来，银行间的竞争局面初步形成。但由于金融体制改革并未全面深入地展开，此阶段行政权力主导下四大国有专业银行寡头垄断的格局并未有多大改变。

第三阶段：1994—2003 年，国有独资商业银行改革、多种金融机构并存发展时期。1994 年，国家将原来由四大国有专业银行承担的绝大部分政策性业务分离出来，分别成立了国家开发银行、中国农业发展银行和中国进出口银行三大政策性银行，至此，政策性金融与商业性金融实现了有效的分离，四大“国家专业银行”也被改称为四大“国有商业银行”。而 1995 年《中华人民共和国中央银行法》、《中华人民共和国商业银行法》的出台和正式颁布实施，确立了四大专业银行不论是从法理上还是从业务上都开始向“自主经营、自担风险、自负盈亏、自我约束”的商业银行转变。此外，政府还采取多项措施以推进国有商业银行改革，如 1998 年中央财政定向发行 2700 亿元特别国债，以补充四大国有商业银行资本金；1999 年成立信达、东方、长城、华融四大资产管理公司，以剥离四大国有商业银行的 1.4 万亿元不良资产。旨在处置不良资产、建立风险内控机制、提高经营绩效的改革措施，提高了中国四大国有商业银行的市场竞争力。

此阶段，除了四大国有商业银行竞争力不断提高外，其他银行业金融机构也发展迅速。1996 年 1 月，中国民生银行成立，中国民生银行是中国首家主要由非公有制企业入股的、民营股份制银行。与此同时，上文中所说的第二阶段中设立的股份制商业银行得以进一步发展壮大，基本上在全国的主要大中城市都设立了它们的分支机构。而 1995 年后，原有大量的城市信用合作社被合并组建为“城市合作银行”，1997 年后，各地的城市合作银行又纷纷改制为“城市商业银行”。[1] 股份制商业银行与城市商业银行的迅速发展，使得银行间的市

---

① 中国第一家城市商业银行于 1995 年在深圳成立。

场竞争不断加强，四大国有商业银行的市场份额不断下降。

第四阶段：2004 年至今，国有独资商业银行进行股份制改造、银行业竞争进一步加强的时期。为了将国有独资商业银行改造成为资本充足、内控严密、经营稳健、治理结构合理、具有国际竞争力的现代商业银行，中国先后对四大国有商业银行进行了股份制改造，四大国有商业银行也积极引进战略投资者并先后上市。与此同时，自加入WTO后，外资银行进入中国的步伐加快，并逐步成为中国银行业市场上的重要竞争力量，而股份制商业银行和城市商业银行规模也进一步扩大（如福建兴业银行由区域性银行发展成为全国性银行），银行业市场竞争进一步加强。

截至 2009 年年底，中国共有各类银行业金融机构法人机构数 3857 家，其中包括 4 家国有商业银行、13 家股份制商业银行、143 家城市商业银行、11 家城市信用社、3056 家农村信用社、37 家外资金融机构等。①

综上所述，改革开放后，随着中国由计划经济向社会主义市场经济的转型，银行业市场结构也不断发生变化，市场竞争程度不断加强，初步形成了以四大国有商业银行为主体，股份制商业银行、城市商业银行和外资银行等多种金融机构相互竞争、并存发展的银行体系。

表 3－1　　中国主要银行成立时间

银行名称	成立或恢复时间	银行类型	备注
中国工商银行	1984 年	国有商业银行	
中国农业银行	1979 年	国有商业银行	
中国银行	1979 年	国有商业银行	
中国建设银行	1979 年	国有商业银行	
交通银行	1986 年	股份制银行	第一家股份制银行
招商银行	1987 年	股份制银行	第二家股份制银行
中信实业银行	1987 年	股份制银行	

① 数据来自《中国金融年鉴 2010》。

续表

银行名称	成立或恢复时间	银行类型	备注
深圳发展银行	1987 年	股份制银行	
广东发展银行	1988 年	股份制银行	第一家上市银行
福建兴业银行	1988 年	股份制银行	
光大银行	1992 年	股份制银行	
华夏银行	1992 年	股份制银行	
上海浦东发展银行	1992 年	股份制银行	第二家上市银行
民生银行	1996 年	股份制银行	民营股份 85% 以上
城市商业银行	1995 年后逐步成立	区域性股份制银行	
外资银行进入	1981 年以后进入		

资料来源：焦谨璞：《中国银行业国际竞争力研究》，中国时代经济出版社 2002 年版，第 67 页。

第二节　中国银行业市场结构的测度与分析

目前已有不少文献对中国银行业市场结构进行了测度，如叶欣等（2001）对 1996—2000 年间的中国商业银行市场集中度进行了测度，于良春和鞠源（1999）对 1994—1997 年间的中国商业银行市场结构进行了量度，邹伟进和刘峥（2007）对中国 2000—2005 年间的银行业市场结构进行了分析。这些研究主要是从时间的维度来考虑中国银行业市场结构随时间的变化，同时它们所涉及的时间较早或时间段较短。本部分将从时间维度和地区维度来综合分析中国银行业市场结构，而在时间维度方面，也将考虑更长的时间跨度，并运用市场份额、集中度和赫芬达尔指数等多个指标对中国银行业市场结构进行测度。

一　基于时间维度的分析

（一）市场份额分析

随着银行业改革的不断推进，中国银行业的规模不断壮大，1995

年中国所有银行业金融机构的总资产、贷款余额、存款余额分别为100714.09亿元、46141.11亿元、51638.83亿元，2009年则分别达到了662890.27亿元、348309.52亿元、536528.78亿元（见表3－2）。具体到不同类型的银行业金融机构来说，1995—2009年，四大国有商业银行的资产总额、贷款余额、存款余额分别增加了3.98倍、4.25倍、7.40倍，股份制商业银行的资产总额、贷款余额、存款余额分别增加了15.64倍、32.12倍、29.51倍，城市商业银行的资产总额、贷款余额、存款余额则分别增加了424.15倍、556.05倍、667.75倍。由此可见，不论是在资产还是存贷款业务方面，股份制商业银行和城市商业银行的增速都要远快于四大国有商业银行。也正因如此，不同类型银行呈现出不同的市场份额演变规律。

表3－2　部分年份的银行业金融机构资产总额、贷款余额、存款余额　单位：亿元

类型	1995年			2001年			2009年		
	资产总额	贷款余额	存款余额	资产总额	贷款余额	存款余额	资产总额	贷款余额	存款余额
四大国有商业银行	80562.44	35372.81	37080.86	129700.00	74000.00	107700.00	400890.15	185853.92	311578.85
股份制商业银行	7083.69	2547.30	3696.42	23858.00	12244.00	18485.00	117849.76	84362.55	112790.14
城市商业银行	133.60	51.40	69.00	8730.37	4257.73	6816.69	56800.06	28632.26	46143.98
城市信用社	4544.98	1929.02	3357.44	1287.04	725.41	1071.37	271.88	213.50	395.57
农村信用社	6791.00	5175.83	7172.89	16108.00	11971.20	17298.85	73586.13	39094.19	58519.94
外资银行	1598.38	1064.75	262.22	3728.62	1534.22	550.92	13492.29	10153.10	7100.30
合计	100714.09	46141.11	51638.83	183412.03	104732.56	151922.83	662890.27	348309.52	536528.78

资料来源：各年《中国金融年鉴》。

表3－3至表3－5给出了1995—2009年间中国银行业金融机构按资产总量、贷款余额、存款余额计算的市场份额。从中可以看出，

1995—2009 年间，四大国有商业银行的资产总量、贷款余额、存款余额所占市场份额基本上呈逐年下降趋势，股份制商业银行、城市商业银行则基本上呈逐年上升趋势，而城市信用社、农村信用社和外资银行的市场份额则变动幅度不大（外资银行在 2001 年中国加入 WTO 后所占市场份额增加较快，但绝对值仍然较小）。具体而言，1995 年四大国有商业银行的资产总量、贷款余额、存款余额所占市场份额分别为 79.99%、76.66%、71.81%，2009 年则分别下降为 60.48%、53.36%、58.07%；而 1995—2009 年，股份制商业银行的资产总量、贷款余额、存款余额所占市场份额分别从 7.03%、5.52%、7.16% 上升为 17.78%、24.22%、21.02%，城市商业银行的资产总量、贷款余额、存款余额所占市场份额则分别从 0.13%、0.11%、0.13% 增加为 8.57%、8.22%、8.60%。

表 3-3　1995—2009 年中国银行业金融机构资产总量占比　单位:%

年份	四大国有商业银行	股份制商业银行	城市商业银行	城市信用社	农村信用社	外资银行
1995	79.99	7.03	0.13	4.51	6.74	1.59
1996	78.05	7.43	1.79	3.36	7.28	2.08
1997	76.67	8.44	1.88	2.34	8.14	2.53
1998	75.29	8.96	3.85	0.81	8.88	2.21
1999	74.88	10.00	3.87	0.67	8.73	1.85
2000	71.92	10.95	3.94	3.95	7.58	1.66
2001	70.72	13.01	4.76	0.70	8.78	2.03
2002	67.97	14.06	5.50	0.56	10.37	1.52
2003	67.65	12.48	6.16	0.62	11.34	1.75
2004	66.04	13.40	6.26	0.66	11.51	2.14
2005	65.91	14.01	6.39	0.64	10.81	2.24
2006	64.91	14.58	6.95	0.49	10.59	2.48
2007	62.33	16.13	7.43	0.29	11.02	2.79
2008	60.82	16.83	7.89	0.15	11.73	2.57
2009	60.48	17.78	8.57	0.04	11.10	2.04

注：原始数据来自各年的《中国金融年鉴》，由于 1995 年以前的金融统计数据不齐全，分析的时间段从 1995 年开始；同时《中国金融年鉴》2003 年后才有农村商业银行数据，且数额较小，因此将其数据合并到农村信用社数据中。

表 3－4　　1995—2009 年中国银行业金融机构贷款余额占比　　单位：%

年份	四大国有商业银行	股份制商业银行	城市商业银行	城市信用社	农村信用社	外资银行
1995	76.66	5.52	0.11	4.18	11.22	2.31
1996	70.27	8.40	1.56	3.93	12.60	3.24
1997	75.13	6.48	2.40	2.17	10.52	3.29
1998	75.51	7.35	2.95	0.75	10.67	2.76
1999	74.88	8.52	3.15	0.61	10.76	2.07
2000	72.59	10.35	3.32	0.68	11.38	1.68
2001	70.66	11.69	4.07	0.69	11.43	1.46
2002	68.42	13.25	5.28	0.54	11.27	1.25
2003	65.98	15.70	5.13	0.56	11.40	1.23
2004	62.53	17.83	5.59	0.61	11.77	1.68
2005	58.05	20.74	5.87	0.56	13.01	1.76
2006	67.05	16.11	5.24	0.39	8.95	2.27
2007	56.59	21.49	7.03	0.36	11.59	2.94
2008	53.42	23.52	7.96	0.17	12.13	2.81
2009	53.36	24.22	8.22	0.06	11.22	2.91

注：原始数据来自各年的《中国金融年鉴》，由于 1995 年以前的金融统计数据不齐全，分析的时间段从 1995 年开始；同时《中国金融年鉴》2003 年后才有农村商业银行数据，且数额较小，因此将其数据合并到农村信用社数据中。

虽然股份制商业银行、城市商业银行所占市场份额不断上升，逐步成为银行业市场中极为重要的竞争力量。但从绝对值来看，四大国有商业银行不论是在资产总量还是存贷业务方面所占市场份额仍拥有绝对的优势，如资产份额占到了整个银行业的 60% 以上，存贷款业务也在 50% 以上，显示出国有商业银行在银行业中仍然具有较强的垄断地位。

（二）银行业集中度分析

由于中国银行业中四大国有商业银行占有绝对的市场优势，同多数研究一样，在运用集中度（CR_n）进行市场结构分析时，银行业集中度用四大国有商业银行规模占全部银行业金融机构规模的比重来表示。具体而言，这些衡量银行规模的指标包括资产总量、贷款余额、存款余额等。现有研究在测度银行业集中度时，主要是针对中国 14

家主要的商业银行进行的，此处的研究将不局限于此，而是包括了国有商业银行、股份制商业银行、城市商业银行、外资银行、城市信用社与农村信用社等不同类型的银行业金融机构。

表 3-5　　1995—2009 年中国银行业金融机构存款余额占比　　单位：%

年份	四大国有商业银行	股份制商业银行	城市商业银行	城市信用社	农村信用社	外资银行
1995	71.81	7.16	0.13	6.50	13.89	0.51
1996	65.45	10.37	2.61	5.40	15.60	0.58
1997	71.19	8.26	3.58	2.96	13.53	0.48
1998	72.14	9.10	4.16	0.93	13.26	0.41
1999	71.81	10.20	4.25	0.73	12.61	0.41
2000	72.28	9.80	5.07	0.71	11.72	0.42
2001	70.89	12.17	4.49	0.71	11.39	0.36
2002	68.08	13.83	5.66	0.58	11.43	0.42
2003	65.94	15.78	5.64	0.61	11.58	0.45
2004	62.58	17.59	6.21	0.67	12.39	0.56
2005	61.94	17.56	6.14	0.61	12.96	0.79
2006	62.38	18.65	6.77	0.50	10.93	0.77
2007	60.59	19.22	7.41	0.38	11.18	1.22
2008	59.32	19.93	7.79	0.18	11.37	1.41
2009	58.07	21.02	8.60	0.07	10.91	1.32

注：原始数据来自各年的《中国金融年鉴》，由于 1995 年以前的金融统计数据不齐全，分析的时间段从 1995 年开始；同时《中国金融年鉴》2003 年后才有农村商业银行数据，且数额较小，因此将其数据合并到农村信用社数据中。

从时间趋势来看，1995—2009 年间中国银行业集中度如表 3-6 和图 3-1 所示。从中可以看出，中国银行业在资产总量、贷款余额、存款余额方面的集中度 CR_4 基本上均呈下降趋势，显示出国有商业银行之外的股份制商业银行、城市商业银行等其他银行的不断发展、银行业市场竞争的不断加强，但其中也略有反复，如贷款集中度与存款集中度在 1997 年、1998 年和 2006 年是上升的。就绝对值而言，在资产总量、贷款余额、存款余额方面，银行业集中度都是较高的，如直到2009年银行业资产集中度还有60.48%，显示出四大国有银行一直以来在中国银行业中都具有较强的垄断地位。借鉴贝恩对市场结构的分类方法（如第二章的表2-1所示），从资产集中度来看，2006年以前，中国银行业都属于高度集中寡占型市场结构；从贷款集中度和存款集中度来看，2004年以前，中国银行业也还属于高度集中寡占型市场结构；直到2009年，不论是就资产集中度还是贷款集中度和存款集中度而言，中国银行业也还属于中（上）集中度寡占型市场结构。较高的银行业集中度，显然不利于股份制商业银行、城市商业银行、外资银行等其他银行业金融机构的发展。

表3-6　　1995—2009年中国银行业集中度　　单位：%

年份	资产集中度	贷款集中度	存款集中度
1995	79.99	76.66	71.81
1996	78.05	70.27	65.45
1997	76.67	75.13	71.19
1998	75.29	75.51	72.14
1999	74.88	74.88	71.81
2000	71.92	72.59	72.28
2001	70.72	70.66	70.89
2002	67.97	68.42	68.08
2003	67.65	65.98	65.94
2004	66.04	62.53	62.58
2005	65.91	58.05	61.94
2006	64.91	67.05	62.38
2007	62.33	56.59	60.59
2008	60.82	53.42	59.32
2009	60.48	53.36	58.07

注：原始数据来自各年的《中国金融年鉴》；资产集中度即为四大国有商业银行资产总额占全部银行业金融机构资产总额的比重，贷款集中度即为四大国有商业银行贷款余额占全部银行业金融机构贷款余额的比重，存款集中度即为四大国有商业银行存款余额占全部银行业金融机构存款余额的比重。

（三）银行业赫芬达尔指数分析

除了以上角度，银行业市场结构还可以从赫芬达尔指数进行分析。在测度中国银行业的赫芬达尔指数时，由于无法获得银行业中所有银行的存贷款数据，因此同既有的研究一样，此处根据中国规模最大的 14 家银行进行测算①，测算出的赫芬达尔指数如表 3－7 所示。由表 3－7 可知，赫芬达尔指数在 2000—2003 年有所波动，但在 2004 年以后则逐步降低。但整体来看，中国银行业的赫芬达尔指数是逐步下降的，如 2002 年中国银行业的贷款 HHI、存款 HHI 分别为 0. 202 和 0. 194，而到 2009 年则分别下降为 0. 132 和 0. 148。

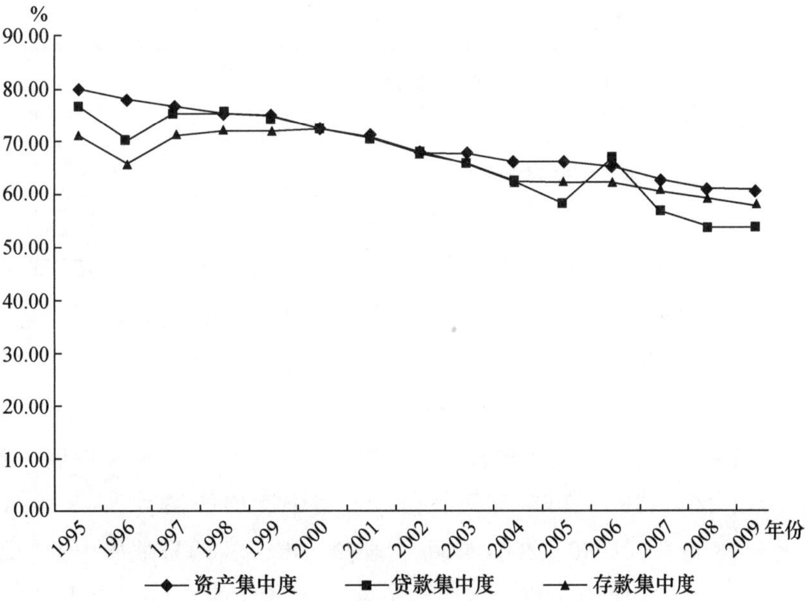

图 3－1　中国银行业集中度的时间变动趋势

注：原始数据来自各年的《中国金融年鉴》；资产集中度即为四大国有商业银行资产总额占全部银行业金融机构资产总额的比重，贷款集中度即为四大国有商业银行贷款余额占全部银行业金融机构贷款余额的比重，存款集中度即为四大国有商业银行存款余额占全部银行业金融机构存款余额的比重。

① 由于最主要的 14 家银行之外的其他银行所占的市场份额很小，在计算赫芬达尔指数时，它们的影响可以忽略不计。因此，根据规模最大的 14 家银行来计算赫芬达尔指数是可行的。

从时间段来看，2004 年以前，大多数年份的赫芬达尔指数都在 0.18 以上，说明市场还属于高集中度的市场，而 2004 年后，各年的赫芬达尔指数都在 0.10 和 0.18 之间，说明市场已转化为适度集中的市场结构。

综合来看，中国银行业整体的竞争程度正在加强是客观存在的。

表 3－7　　　　　　中国银行业赫芬达尔指数（HHI）

年份	2000	2001	2002	2003	2004	2005	2006	2007	2008	2009
贷款 HHI	0.184	0.175	0.202	0.186	0.182	0.164	0.155	0.143	0.136	0.132
存款 HHI	0.180	0.171	0.194	0.183	0.178	0.174	0.166	0.155	0.154	0.148

资料来源：根据各年《中国金融年鉴》数据计算所得。

二　基于地区维度的分析

为了进一步观察中国银行业的市场结构特征，本书还从地区层面的角度对中国各省（市、区）的银行业市场结构进行分析。基于可行性的考虑，测度地区层面的银行业市场结构时，采用的是银行业集中度指标。《中国金融年鉴》给出了 2004 年以前四大国有银行在各省市的存贷款数据①，以四大国有银行存款（贷款）占各省（市、区）全部银行业金融机构存款（贷款）总额的比重来表示银行业集中度，各省（市、区）1990—2004 年间的银行业集中度均值如表 3－8 所示。由表 3－8 可知，1990—2004 年间中国省（市、区）贷款集中度均值最高的前三位依次为宁夏、青海、云南，最低的前三位依次为辽宁、山东、浙江；1990—2004 年间中国省（市、区）存款集中度均值最高的前三位依次为青海、内蒙古、云南，最低的前三位依次为辽宁、山东、湖北。很显然，银行业集中度最高的地方基本集中于西部地

① 《中国金融年鉴》基本上自 2005 年后，不再按行政区域来统计四大国有银行在各个省（市、区）的存贷款数据。如《中国金融年鉴》中，中国银行改为按东北、华北、华东、中部及南部、西部五个地区，进行各地区的存款、贷款余额统计；中国工商银行改为按长江三角洲、珠江三角洲、环渤海地区、中部地区、东北地区、西部地区统计各地区的存贷款余额。

区，而银行业集中度最低的省（市、区）则基本都处于东部经济较发达的地区，显示出中国银行业集中度存在明显的区域差异。

表 3-8　1990—2004 年间各省（市、区）银行业集中度均值　单位：%

省市	贷款集中度	存款集中度
北京	59.32	76.13
天津	75.87	75.06
河北	63.46	64.33
山西	73.33	76.49
内蒙古	71.25	79.35
辽宁	55.51	55.06
吉林	63.14	66.49
黑龙江	65.13	70.96
上海	68.17	66.96
江苏	63.48	63.65
浙江	58.36	59.55
安徽	66.64	69.46
福建	64.23	67.22
江西	76.78	77.50
山东	57.09	57.21
河南	60.56	65.64
湖北	66.00	59.24
湖南	68.53	71.12
广东	65.48	68.05
广西	76.00	70.94
海南	67.75	69.61
四川	62.54	63.90
贵州	75.56	75.41
云南	78.22	79.21
陕西	65.35	64.06
甘肃	70.49	77.15
青海	78.89	86.08
宁夏	79.57	76.46
新疆	69.69	77.09

资料来源：根据各年《中国金融年鉴》数据计算所得。

进一步把中国分成东部地区、中部地区和西部地区①，东部、中部、西部三个地区的银行业集中度确实存在较大的差异。如表3－9所示，1990年后，东部地区的银行业集中度均值就一直低于中西部地区。1994—2001年，中部地区与东部地区的银行业集中度差距逐渐缩小，但自2002年后，差距又进一步拉大。而西部地区一直存在较高的银行业集中度，直到2004年西部地区的银行业集中度均值仍然在60%以上。

表3－9　东部、中部、西部三个地区的银行业集中度情况　单位：%

地区	1990—1993年		1994—2001年		2002—2004年		2004年	
	贷款集中度	存款集中度	贷款集中度	存款集中度	贷款集中度	存款集中度	贷款集中度	存款集中度
东部	79.90	79.09	59.14	62.32	53.38	56.93	51.36	55.34
中部	92.35	86.09	59.40	64.65	56.04	60.86	54.53	58.84
西部	91.88	88.76	66.70	71.93	62.93	67.19	61.24	64.99

资料来源：根据各年《中国金融年鉴》数据计算所得。

图3－2进一步显示了各省（市、区）1990年和2004年的贷款集中度和存款集中度，将省（市、区）按东部和中西部两个地区来划分，东部地区与中西部地区不仅在银行业集中度的绝对数值上存在差异，各地区银行业集中度的降低速度也不一样，东部地区银行业集中度的降低速度明显要快于西部地区。在1990年时，东部地区和西部地区省份之间的银行业集中度存在差距，但差距并不大；而到2004年，东部地区和西部地区省份之间的银行业集中度则分化明显，差距进一步拉大，中西部地区大部分省份银行业集中度在60%以上，而东部省份的银行业集中度则都在60%以下。如东部地区的

① 具体来说，东部地区包括北京、天津、河北、辽宁、上海、江苏、浙江、福建、山东、广东、海南；中部地区包括山西、吉林、黑龙江、安徽、江西、河南、湖北、湖南；西部地区包括广西、四川、贵州、云南、陕西、甘肃、青海、宁夏、新疆、内蒙古。

广东省，在1990年时银行业贷款集中度、存款集中度基本上均为100%，而到2004年贷款集中度则降低为47.56%，存款集中度降低为53.24%。

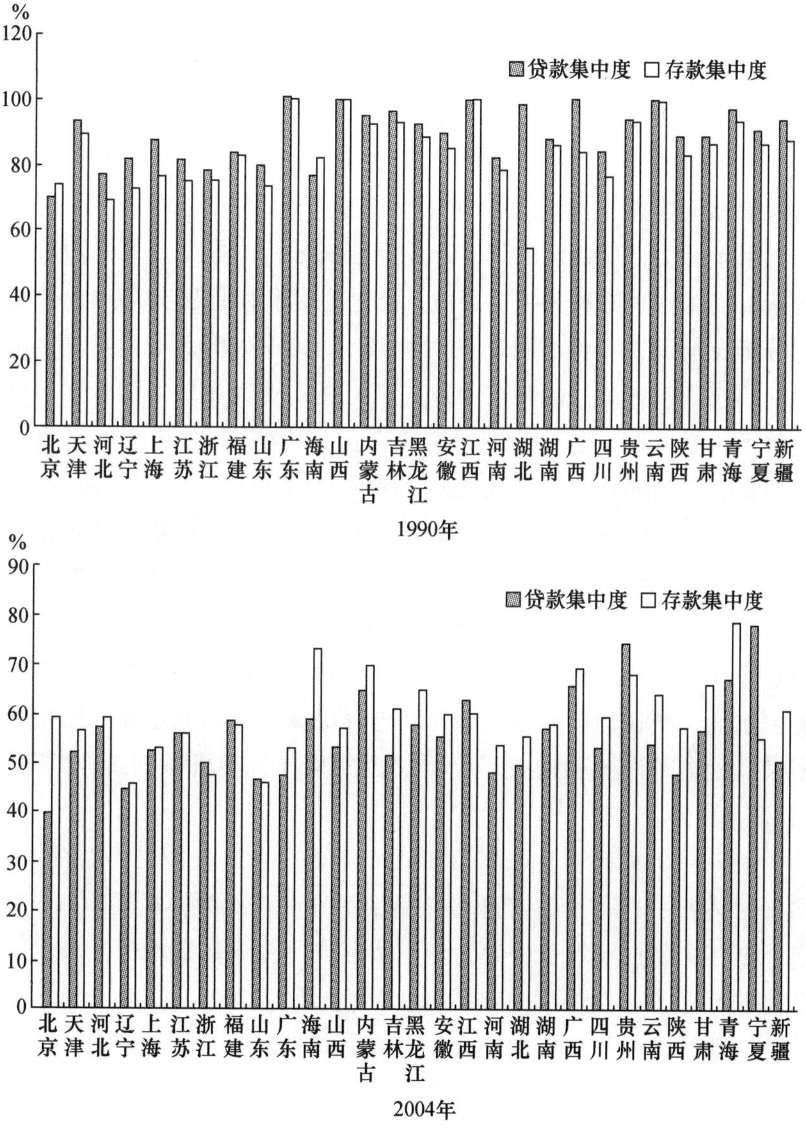

图3－2　1990年和2004年各省（市、区）银行业集中度的比较

第三节　中国工业发展的事实描述

根据第一章对工业发展的理解，本节将从产业增长、产业技术创新和工业污染物的排放三个方面对中国工业发展进行描述分析。

一　工业产业增长的基本特征

利用《中国工业经济统计年鉴》可以得到各地区和各具体产业的工业增加值数据，进而可以对中国工业产业增长的具体情况进行分析。由于后文将从地区的具体产业层面来分析中国工业产业增长与银行业市场结构之间的关系。因此，此处也是利用地区具体产业数据进行分析。与后文一致，分析的时间段为1993—2005年。同时，由于海南、西藏、青海、内蒙古四省（区）的产业数据缺失值较多，分析中将不包括这四个省区，同时由于重庆市1997年才成立，将重庆市的数据合并到四川省中。各地区的产业主要包括：农副食品加工业、食品制造业、饮料制造业、烟草制品业、纺织业、纺织服装鞋帽制造业、造纸及纸制品业、石油加工及炼焦业、化学原料及化学制品制造业、医药制造业、非金属矿物制品业、黑色金属冶炼及压延加工业、有色金属冶炼及压延加工业、金属制品业、通用设备制造业、专用设备制造业、交通运输设备制造业、电气机械及器材制造业、通信计算机及其他电子设备制造业、仪器仪表文化办公用机械制造业共20个行业。

表3－10显示了不同地区20个行业的产业增长情况。由表3－10可知，1993—2005年，产业增长最快的地区依次为：福建、山东、江苏、浙江；将产业增长分解为新企业形成（企业数量增长）和企业规模增长后，新企业形成最快的地区为上海、山东、广东、浙江、福建，企业规模增长最快的地区为湖南、安徽、吉林、江西。由此可以看出，产业增长与新企业形成最快的地区基本上都是经济较为发达的东部省份。

表 3－10　　　　　　　各地区产业增长情况

地区	平均产业增长率	平均企业数量增长	平均企业规模增长
北京	0. 10	－0. 16	1. 25
天津	0. 14	－0. 30	1. 87
河北	0. 14	－0. 73	2. 29
山西	0. 09	－1. 25	2. 27
辽宁	0. 10	－0. 86	1. 96
吉林	0. 07	－1. 64	2. 47
黑龙江	0. 06	－1. 73	2. 42
上海	0. 14	0. 25	1. 30
江苏	0. 18	－0. 19	2. 17
浙江	0. 17	0. 02	1. 88
安徽	0. 12	－1. 12	2. 49
福建	0. 20	－0. 12	2. 33
江西	0. 14	－0. 95	2. 45
山东	0. 20	0. 24	1. 91
河南	0. 16	－0. 53	2. 29
湖北	0. 10	－0. 86	2. 04
湖南	0. 15	－0. 88	2. 56
广东	0. 16	0. 08	1. 63
广西	0. 09	－1. 01	1. 98
四川	0. 10	－1. 21	2. 29
贵州	0. 09	－0. 83	1. 80
云南	0. 08	－0. 86	1. 74
陕西	0. 09	－1. 33	2. 37
甘肃	0. 05	－1. 20	1. 81
宁夏	0. 12	－0. 87	2. 22
新疆	0. 10	－1. 11	2. 20

注：原始数据来自各年《中国工业经济统计年鉴》；平均产业增长率取各地区 1993—2005 年各个行业产业增长率的平均值；平均企业数量增长取各地区 1993—2005 年各个行业企业数量增长的平均值；平均企业规模增长取各地区 1993—2005 年各个行业企业规模增长的平均值。

表3－11显示了不同产业26个地区的平均产业增长情况。由表3－11可知，产业增长最快的行业为石油加工及炼焦业、通信计算机及其他电子设备制造业、医药制造业、有色金属冶炼及压延加工业、食品制造业等，而增长最慢的行业为纺织服装鞋帽制造业、纺织业、造纸及纸制品业、金属制品业、非金属矿物制品业等；而在新企业形成方面，增长最快的行业为有色金属冶炼及压延加工业、石油加工及炼焦业、医药制造业等，最慢的为纺织服装鞋帽制造业、造纸及纸制品业、金属制品业等；在企业规模增长方面，最快的为食品制造业、饮料制造业、造纸及纸制品业等，最慢的为黑色金属冶炼及压延加工业、纺织业、通用设备制造业等。

表3－11　各行业产业增长情况

行业类别	平均产业增长率	平均企业数量增长	平均企业规模增长
农副食品加工业	0.10	－1.26	2.34
食品制造业	0.15	－1.20	2.88
饮料制造业	0.13	－1.14	2.60
烟草制品业	0.14	－0.65	2.23
纺织业	0.07	－0.78	1.50
纺织服装鞋帽制造业	0.05	－1.67	2.22
造纸及纸制品业	0.08	－1.61	2.47
石油加工及炼焦业	0.19	0.20	1.82
化学原料及化学制品制造业	0.15	－0.42	2.05
医药制造业	0.18	0.10	1.83
非金属矿物制品业	0.08	－1.08	2.02
黑色金属冶炼及压延加工业	0.13	0.01	1.48
有色金属冶炼及压延加工业	0.17	0.25	1.61
金属制品业	0.08	－1.41	2.28
通用设备制造业	0.09	－0.65	1.56
专用设备制造业	0.10	－0.99	2.10

续表

行业类别	平均产业增长率	平均企业数量增长	平均企业规模增长
交通运输设备制造业	0.12	-0.84	2.20
电气机械及器材制造业	0.13	-0.62	2.10
通信计算机及其他电子设备制造业	0.18	-0.30	2.25
仪器仪表文化办公用机械制造业	0.12	-0.64	2.02

注：原始数据来自各年《中国工业经济统计年鉴》；平均产业增长率取各地区1993—2005年各个行业产业增长率的平均值；平均企业数量增长取各地区1993—2005年各个行业企业数量增长的平均值；平均企业规模增长取各地区1993—2005年各个行业企业规模增长的平均值。

二　工业技术创新特征

关于技术创新，理论上来说，可以有多种形式，如产品设计和质量的改善、新方法和新产品的创新、降低生产成本的工艺创新等。因此，对于技术创新的衡量，有多种表示方法，但文献中通常用专利申请数和新产品销售收入份额（即新产品销售收入占产品销售收入的比重）来表示①。参照现有文献，本书将同时使用专利申请数和新产品销售收入份额两个指标来度量技术创新，以更全面客观地反映中国工业产业的技术创新水平。具体来说，本书将从三个维度来对中国工业产业的技术创新水平进行刻画，即整体的中国工业技术创新随时间变化趋势、各细分工业产业技术创新特征、地区层面的工业技术创新特征。

（一）整体的时间变化趋势

利用《中国科技统计年鉴》数据，可以对中国工业的技术创新水平进行描述。《中国科技统计年鉴》中的“大中型工业企业”部分提供了中国工业的技术创新数据，由于1996年后才有专利统计数据，因此，此处对专利申请数的考察时间段为1996—2010年，而对新产品销售收入份额的考察时间段则为1991—2010年（1991年前的科技

① 关于专利申请数和新产品销售收入的优缺点，后文第六章第二节将进行更为详细的说明。

统计数据不完整)。

图3－3和图3－4描述了中国工业整体的专利申请数和新产品销售收入份额的时间变化趋势。由图3－3可以看出，1996—2010年，专利申请数不断增加，由1996年的4936件增加到了2010年的198890件。从2000年开始，上升速度不断加快，特别是2006年后则以更快的速度增加。1996—2010年间，年均专利申请数增加了130.2%。

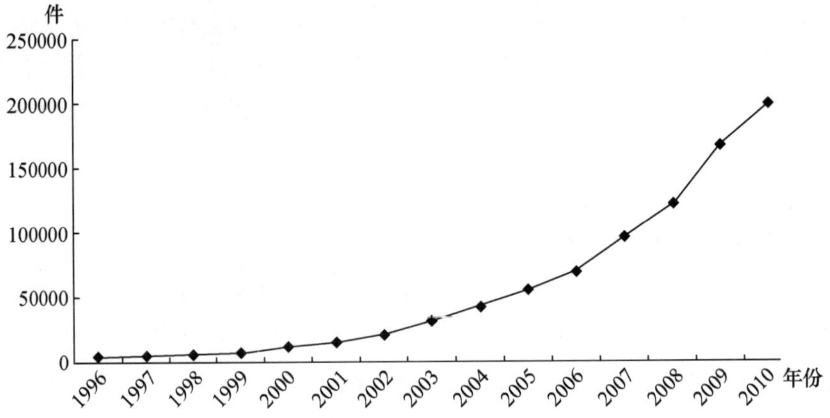

图3－3　专利申请数的时间趋势

资料来源：各年《中国科技统计年鉴》。

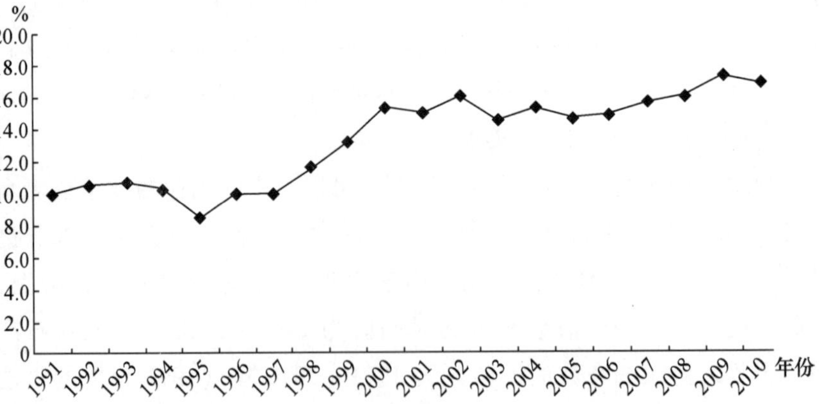

图3－4　新产品销售收入份额的时间趋势

资料来源：各年《中国科技统计年鉴》。

从图 3 - 4 可见，1991—2010 年间中国工业整体的新产品销售收入份额呈波动上升趋势，其中，1991—1993 年新产品销售收入份额增加，然后则趋于下降，1995 年达到最低点（8.5%），从 1996 年开始，基本上不断增加，2002 年达到一个高点（16.1%），新产品销售收入份额又略有下降，直至 2007 年又稳步上升，2009 年达到最高点 17.3%。

总体上来看，两种衡量技术创新水平的指标基本上都随时间变化而趋于增加。

（二）各细分工业产业技术创新特征

表 3 - 12 描述了 2003—2010 年间中国各细分工业产业的技术创新情况。为了更加直观，图 3 - 5 和图 3 - 6 还分别对 2003—2010 年间各具体产业的专利申请数均值和新产品销售收入份额均值进行了比较。

表 3 - 12　　分行业工业产业技术创新水平　　单位：件,%

产业（代码）	专利申请数			新产品销售收入份额		
	2010 年	2003—2010 年均值	平均增长率	2010 年	2003—2010 年均值	平均增长率
煤炭开采和洗选业（01）	1314.0	552.8	37.5	2.2	4.1	6.3
石油和天然气开采业（02）	1654.0	1064.4	16.1	0.2	0.8	109.9
黑色金属矿采选业（03）	90.0	35.9	42.8	0.5	0.4	—
有色金属矿采选业（04）	135.0	65.9	49.4	1.9	2.6	25.7
非金属矿采选业（05）	59.0	37.5	165.4	3.7	3.7	36.7
农副食品加工业（06）	1908.0	664.1	61.3	5.6	4.2	16.6
食品制造业（07）	1875.0	1184.3	29.5	9.9	8.1	8.7
饮料制造业（08）	1961.0	1140.5	15.2	10.1	9.6	7.4
烟草制品业（09）	766.0	371.1	43.2	16.0	11.4	18.6
纺织业（10）	6388.0	3322.8	48.3	17.6	11.6	9.7
纺织服装鞋帽制造业（11）	1907.0	722.3	72.0	9.4	8.5	14.2
皮革毛皮羽毛（绒）及其制品业（12）	1003.0	397.3	48.1	7.5	7.4	6.3

续表

产业（代码）	专利申请数			新产品销售收入份额		
	2010 年	2003—2010 年均值	平均增长率	2010 年	2003—2010 年均值	平均增长率
木材加工及木竹藤棕草制品业（13）	594.0	345.1	129.5	10.9	10.5	22.5
家具制造业（14）	1581.0	706.4	54.3	7.7	8.5	18.8
造纸及纸制品业（15）	1247.0	396.6	45.4	14.0	13.0	9.1
印刷业和记录媒介的复制（16）	521.0	261.8	46.4	14.5	10.0	16.7
文教体育用品制造业（17）	1995.0	1450.5	17.8	8.7	7.4	9.2
石油加工及炼焦业（18）	558.0	340.0	16.7	2.9	3.7	8.2
化学原料及化学制品制造业（19）	5743.0	3250.6	25.1	13.9	12.3	5.9
医药制造业（20）	5767.0	3202.1	25.2	24.9	20.1	6.8
化学纤维制造业（21）	1609.0	489.6	52.3	18.2	18.5	6.4
橡胶制品业（22）	1443.0	584.9	41.0	22.4	20.4	6.7
塑料制品业（23）	2868.0	1184.1	41.2	12.2	11.4	5.2
非金属矿物制品业（24）	5192.0	2538.4	41.4	9.1	8.1	8.0
黑色金属冶炼及压延加工业（25）	5813.0	2701.1	34.6	12.5	13.0	3.1
有色金属冶炼及压延加工业（26）	3335.0	1935.3	32.2	12.5	11.3	9.8
金属制品业（27）	5355.0	2543.1	42.2	13.1	10.2	10.4
通用设备制造业（28）	13922.0	6131.1	38.2	26.8	26.1	1.9
专用设备制造业（29）	13467.0	5761.8	34.1	28.0	25.6	2.8
交通运输设备制造业（30）	23700.0	11306.5	30.9	38.7	40.2	0.6
电气机械及器材制造业（31）	28978.0	14230.4	26.0	32.2	29.1	2.3
通信计算机及其他电子设备制造业（32）	46209.0	23985.4	34.5	27.6	26.5	−0.1
仪器仪表及文化办公机械制造业（33）	5131.0	2544.6	44.7	25.0	18.4	11.9
工艺品及其他制造业（34）	1825.0	950.6	25.9	7.8	8.0	6.2
电力热力的生产和供应业（35）	2891.0	1178.6	62.4	0.3	0.1	32.3

注：黑色金属矿采选业由于部分年份的新产品销售收入数为零，所以无法计算出考察期间的平均增长率；数据来自各年《中国科技统计年鉴》。

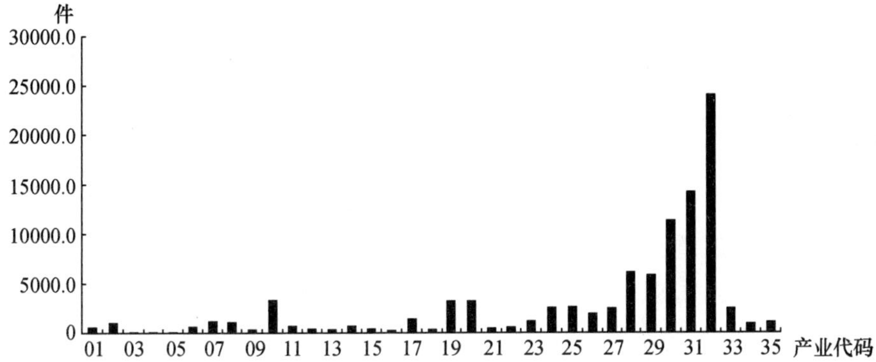

图 3－5　各工业产业专利申请数均值比较

资料来源：各年《中国科技统计年鉴》。

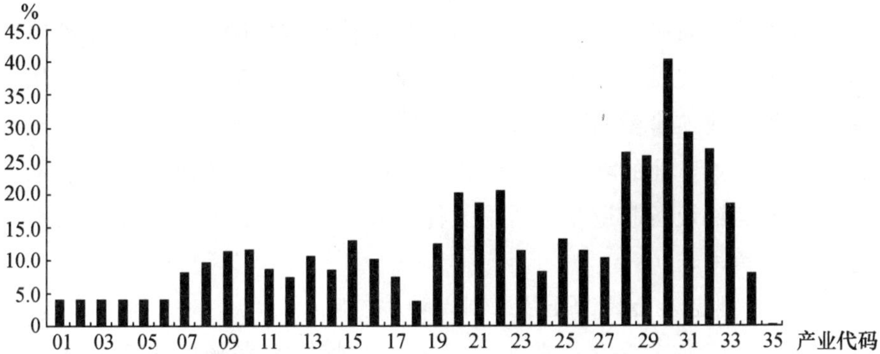

图 3－6　各工业产业新产品销售收入份额均值比较

资料来源：各年《中国科技统计年鉴》。

从专利申请数来看，如果以 2003—2010 年的均值而言，技术创新水平较高的产业为通信计算机及其他电子设备制造业、电气机械及器材制造业、交通运输设备制造业、通用设备制造业、专用设备制造业等，技术创新水平较低的行业为黑色金属矿采选业、非金属矿采选业、有色金属矿采选业、印刷业和记录媒介的复制等。如果以 2010 年的专利申请数而言，各工业产业的专利分布与 2003—2010 年的均值分布基本一致。可以看出，高技术产业的专利申请数较多，而资源采选业的申请数量较低。

从新产品销售收入份额来看，如果以 2003—2010 年的均值而言，技术创新水平较高的产业为交通运输设备制造业、电气机械及器材制造业、通信计算机及其他电子设备制造业、通用设备制造业等，技术创新水平较低的行业为电力热力的生产和供应业、黑色金属矿采选业、石油和天然气开采业、有色金属矿采选业等。2010 年各工业产业的新产品销售收入份额与 2003—2010 年的均值有基本一致的分布状态。同样可以看出，与专利申请数一样，高技术产业的创新强度较高，而资源采选业的技术创新水平较低，其他产业的技术创新水平则介于二者之间。

表 3 – 12 还计算了各工业产业技术创新水平的增长速度。从专利申请数的平均增长率来看，所有产业的增长速度都为正，说明所有产业的专利申请数都随时间而不断增加，其中专利申请数增长速度较快的产业为非金属矿采选业、木材加工及木竹藤棕草制品业等，专利申请数增长速度较慢的产业为饮料制造业、石油和天然气开采业等。从新产品销售收入份额的平均增长率来看，石油和天然气开采业、非金属矿采选业等产业的增长速度较快，通信计算机及其他电子设备制造业、交通运输设备制造业、通用设备制造业等产业的增长速度较慢甚至出现了负增长。

（三）地区层面的工业技术创新特征

从地区层面来看，各省（市、区）工业技术水平如表 3 – 13 所示。① 从 1996—2010 年专利申请数均值来看，技术创新水平排名靠前的地区为广东、江苏、浙江、山东、上海等，技术创新水平排名靠后的地区为青海、海南、宁夏、新疆、甘肃等。从 1996—2010 年新产品销售收入份额的均值来看，上海、天津、北京等地的技术创新水平居前，新疆、青海、云南等地的技术创新水平靠后。由此可见，不论是用专利申请数还是用新产品销售收入份额来表示，1996—2010 年工业技术创新水平较高的省份都处于东部地区，而技术创新水平较低的则基本上是西部省份。以 2010 年为例，图 3 – 7 和图 3 – 8 显示了各

---

① 《中国科技统计年鉴》无 1996 年之前的各地区工业企业专利申请数，无 1994 年前的新产品销售收入数据，为了保持统计口径一致，因此考察的时间跨度定为 1996—2010 年。此外，由于西藏的数据较为残缺，将西藏从样本中剔除；重庆 1997 年才成立，故将重庆并入四川省处理。

省市工业产业技术创新水平，从中可以看出，东部地区省市技术创新水平确实较高，西部地区的技术创新水平则较低。

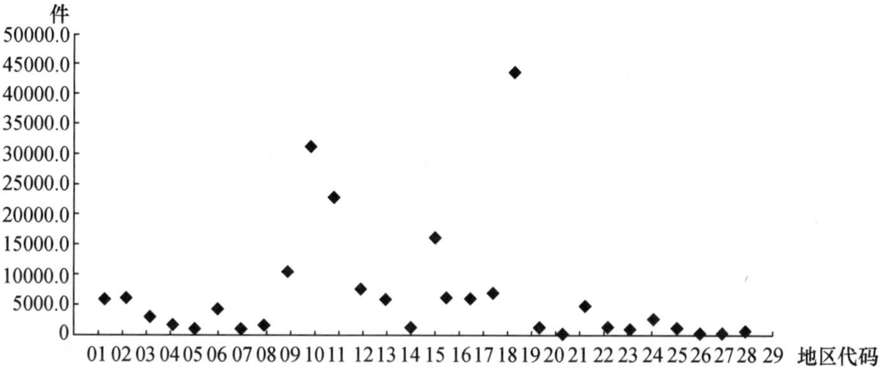

图 3－7　2010 年各省（市、区）工业专利申请数

资料来源：各年《中国科技统计年鉴》。

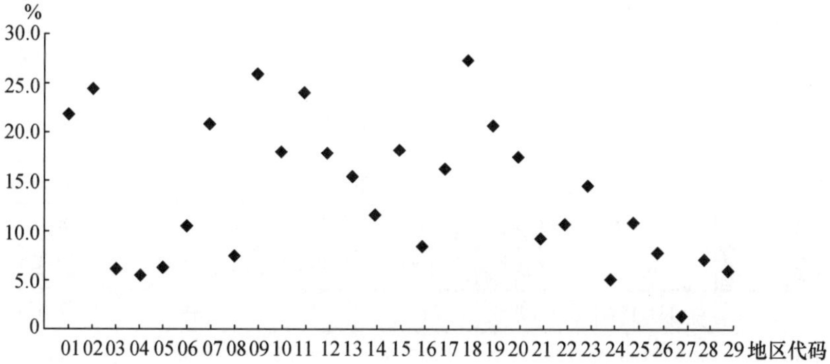

图 3－8　2010 年各省（市、区）工业新产品销售收入份额

资料来源：各年《中国科技统计年鉴》。

由于本书后面的实证研究中将选用 1996—2004 年间的数据分析银行业市场结构对技术创新的影响，因此表 3－13、图 3－9 和图 3－10 还反映了 1996—2004 年间各省（市、区）的技术创新水平。从专利申请数均值来看，技术创新水平排名前五的省市为广东、浙江、山东、江苏、上海，排名最后的省份为海南、青海、甘肃、新疆等地；

从新产品销售收入份额的均值来看，上海、天津、北京等地的工业技术创新水平较高，而新疆、青海、云南等地的工业技术创新水平较低。1996—2004 年间各省市工业技术创新水平与 1996—2010 年间基本一致，同样是东部地区的工业技术创新水平较高，而西部地区则较低。

表 3－13　　　　分地区工业技术创新水平　　　　单位：件，%

地区（代码）	专利申请数			新产品销售收入份额		
	2010 年	1996—2004 年均值	1996—2010 年均值	2010 年	1996—2004 年均值	1996—2010 年均值
北京（01）	5846.0	148.2	1242.9	21.9	8.4	14.1
天津（02）	5951.0	269.2	1255.4	24.3	8.6	16.2
河北（03）	2827.0	55.9	554.1	6.2	2.4	4.1
山西（04）	1776.0	23.1	335.1	5.5	2.1	4.3
内蒙古（05）	720.0	26.2	187.0	6.2	3.8	5.1
辽宁（06）	4311.0	51.6	867.7	10.6	4.7	7.9
吉林（07）	1092.0	24.9	224.5	20.9	2.2	11.1
黑龙江（08）	1603.0	58.6	349.3	7.5	1.8	4.0
上海（09）	10378.0	301.7	2332.7	26.0	10.1	17.1
江苏（10）	31132.0	320.0	5043.2	18.0	6.3	10.1
浙江（11）	22859.0	355.7	5039.3	24.0	5.4	11.5
安徽（12）	7676.0	44.3	1214.3	17.9	4.0	8.0
福建（13）	5776.0	84.3	1011.7	15.4	7.9	11.9
江西（14）	1221.0	15.1	237.5	11.5	3.7	7.4
山东（15）	16391.0	349.6	3521.5	18.3	5.3	9.2
河南（16）	5904.0	85.6	1275.9	8.4	3.3	5.6
湖北（17）	5768.0	39.4	1002.1	16.3	4.2	8.5
湖南（18）	6652.0	142.8	1124.4	27.3	6.0	12.2
广东（19）	43776.0	620.6	10416.1	20.7	5.5	9.8
广西（20）	1158.0	31.0	256.0	17.5	7.0	11.6
海南（21）	176.0	0.7	34.0	9.2	7.2	8.4
四川（22）	4576.0	110.3	893.9	10.8	8.0	11.7
贵州（23）	1302.0	17.7	277.9	14.5	3.4	6.3
云南（24）	757.0	25.2	164.9	5.0	1.5	3.5

续表

地区（代码）	专利申请数			新产品销售收入份额		
	2010 年	1996—2004 年均值	1996—2010 年均值	2010 年	1996—2004 年均值	1996—2010 年均值
陕西（25）	2506.0	36.8	479.9	10.8	5.0	6.8
甘肃（26）	852.0	10.7	164.2	7.7	1.9	3.9
青海（27）	103.0	4.2	27.7	1.4	0.6	2.3
宁夏（28）	306.0	18.7	69.1	7.1	2.0	4.0
新疆（29）	547.0	14.9	132.7	5.9	1.0	1.7

资料来源：各年《中国科技统计年鉴》。

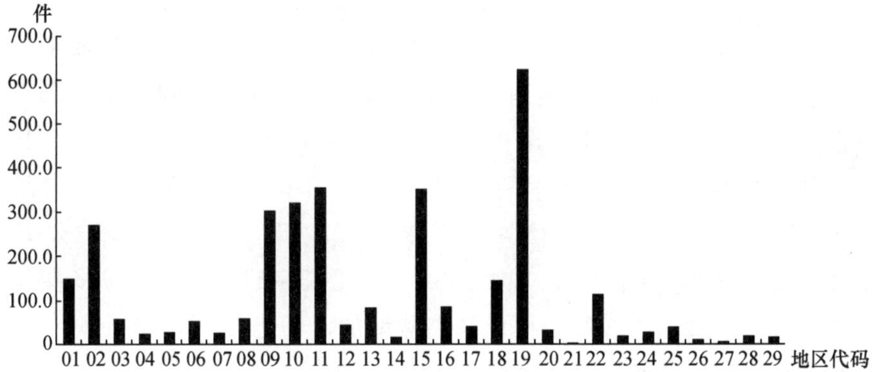

图 3－9 1996—2004 年各省（市、区）工业产业专利申请数均值

资料来源：各年《中国科技统计年鉴》。

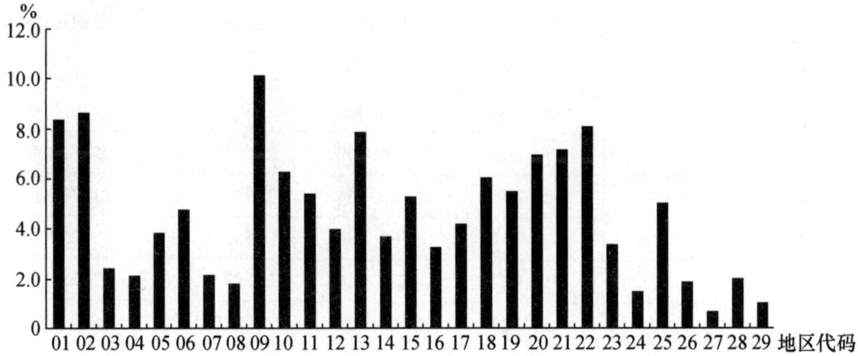

图 3－10 1996—2004 年各省（市、区）工业产业新产品销售收入份额均值

资料来源：各年《中国科技统计年鉴》。

三 工业污染物排放特征

本部分将同样从时间变化趋势、具体产业特征、地区层面特征三个角度来对中国工业污染物的排放现状进行分析。按照《中国环境年鉴》的定义，工业污染物排放包括废气排放、废水排放和固体废物的排放（即所谓的工业“三废”），而废气排放又包括工业二氧化硫排放、工业烟尘排放、工业粉尘排放等，工业废水排放又包含了工业废水中化学需氧量等。因此，下文将针对这些工业污染物的排放量进行具体说明。

（一）工业污染物排放整体的时间变化趋势

从工业废气排放量（工业二氧化硫排放量、工业烟尘排放量、工业粉尘排放量）来看，1991—2005 年间中国工业二氧化硫排放量基本上稳步上升，2005 年达到历史高点（2168 万吨），2005 年后则不断下降。而工业烟尘排放量和工业粉尘排放量则基本上呈相同的变化趋势，在 1991—1997 年呈下降趋势，1998 年排放量则突然增加并达到历史高点（分别为 1175.405 万吨、1322.173 万吨），1999—2010 年二者又继续呈下降趋势（如表 3 – 14、图 3 – 11 所示）。1998 年工业烟尘排放量和工业粉尘排放量突然增加，可能与 1998 年金融危机期间以投资拉动增长的具体政策有关。

表 3 – 14　　主要工业污染物排放量　　单位：万吨

年份	工业二氧化硫排放量	工业烟尘排放量	工业粉尘排放量	工业废水排放量	工业固体废物排放量
1991	1165.000	845.000	578.000	2356608.000	3376.000
1992	1323.000	870.000	576.000	2338534.000	2587.000
1993	1292.490	880.446	616.564	2194919.000	2152.000
1994	1341.416	806.864	582.780	2155111.000	1932.000
1995	1405.021	837.971	638.986	2218943.000	2242.000
1996	1363.574	758.327	561.521	2058881.000	1690.000
1997	1362.629	684.610	548.392	1883296.000	1549.000
1998	1593.021	1175.405	1322.173	2006331.000	7048.000
1999	1460.000	953.000	1175.000	1973036.000	3880.000

续表

年份	工业二氧化硫排放量	工业烟尘排放量	工业粉尘排放量	工业废水排放量	工业固体废物排放量
2000	1612.000	953.000	1092.000	1942405.000	3186.000
2001	1566.000	852.000	991.000	2030000.000	2894.000
2002	1562.000	804.000	941.000	2070000.000	2635.000
2003	1792.000	846.000	1021.000	2120000.000	1941.000
2004	1891.000	887.000	905.000	2210000.000	1762.000
2005	2168.000	949.000	911.000	2430000.000	1655.000
2006	2041.800	774.900	722.200	2080440.000	1302.092
2007	2140.000	771.100	698.700	2466493.000	1196.719
2008	1991.400	670.700	584.900	2416511.000	781.752
2009	1865.900	604.400	523.600	2343857.000	710.452
2010	1705.450	549.240	408.940	2374732.000	498.198

资料来源：各年《中国环境年鉴》。

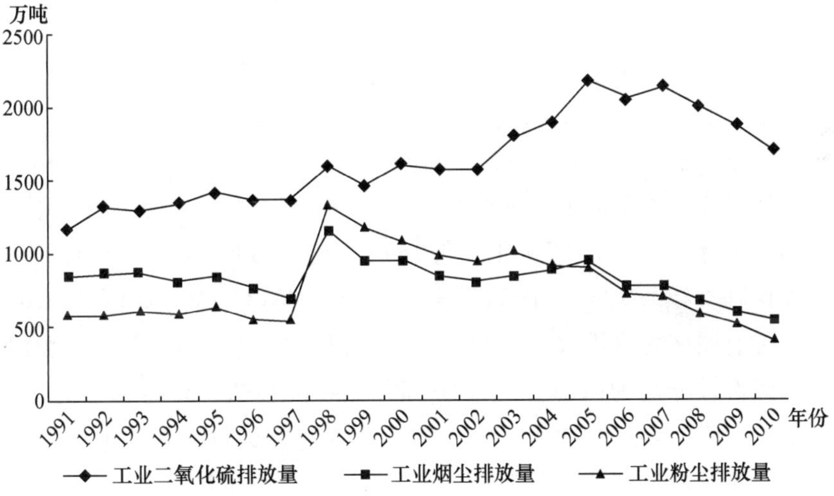

图 3－11　工业废气排放量的时间变化趋势

资料来源：各年《中国环境年鉴》。

从工业废水排放量来看，1991—2000 年工业废水排放量不断下降，2001—2010 年稳步上升，并于 2007 年达到历史最高点（2466493 万吨）（如表 3 - 14、图 3 - 12 所示）。图 3 - 13 还描述了工业废水中化学需氧量排放量的变化趋势，从中可以看出，工业废水中化学需氧量排放量自 1999 年开始基本上不断下降，2010 年达到最低点（4347700 吨）。这也显示出，工业废水中化学需氧量排放量与工业废水排放量的变化趋势不太一致。

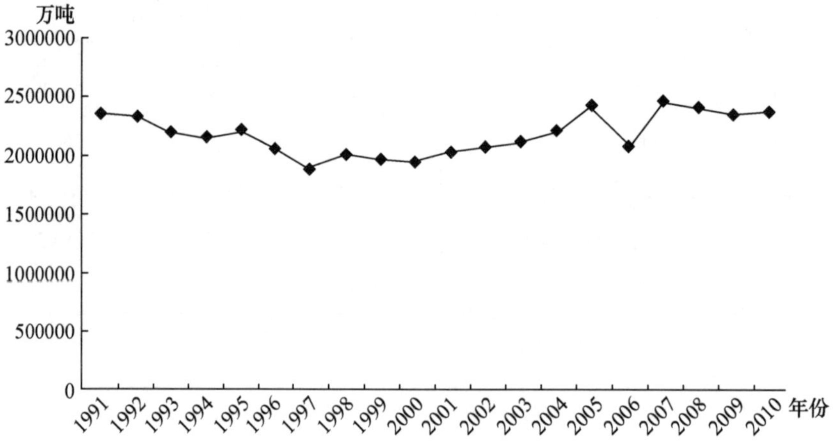

图 3 - 12　工业废水排放量的时间变化趋势

资料来源：各年《中国环境年鉴》。

从工业固体废物排放量来看，1991—1997 年间工业固体废物排放量不断下降，从 3376 万吨下降为 1549 万吨。1998 年，工业固体废物排放量则突然增加，并达到历史最高点（7048 万吨）。1999—2010 年，工业固体废物排放量又趋于不断下降。从图 3 - 14 中可以看出，整个图形被分割为两部分，1991—1997 年和 1998—2010 年，这两部分都呈下降趋势。对图 3 - 11 和图 3 - 14 进行比较，其实可以发现，工业固体废物排放量和工业烟尘排放量、工业粉尘排放量的走势极为相似，三者都是在 1998 年排放量突然增加并达到历史最高点。如前文所述，这可能与 1998 年世界金融危机期间政府的刺激性政策有关。

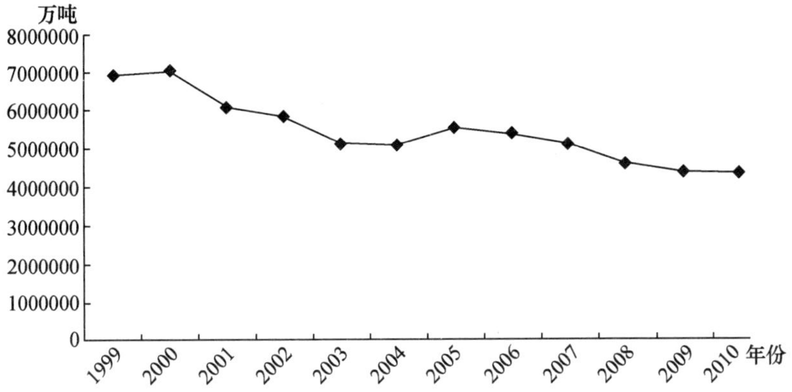

图 3 - 13　工业废水中化学需氧量排放量的时间变化趋势

资料来源：各年《中国环境年鉴》。

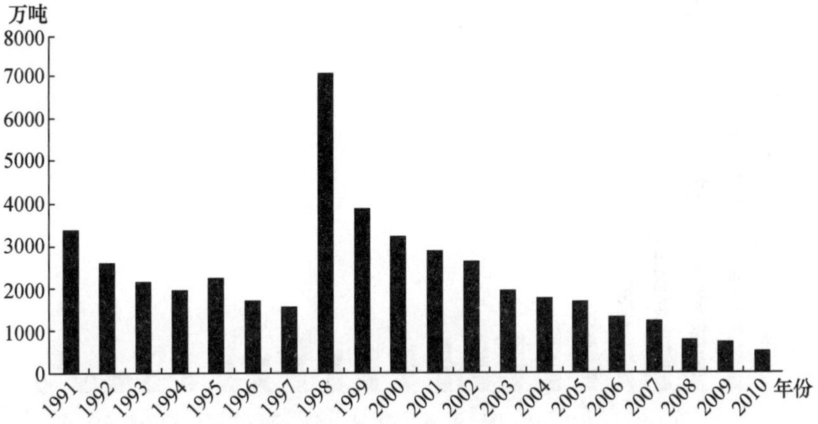

图 3 - 14　工业固体废物排放量的时间变化趋势

资料来源：各年《中国环境年鉴》。

由于工业污染物的排放量和工业增加值总量有密切关系，因此，本书还使用相对指标——工业污染物排放强度（工业污染物排放量与工业增加值的比重，即单位工业增加值所产生的污染物排放量），以更全面地刻画中国工业污染物的排放模式。图 3 - 15 至图 3 - 18 对主要工业污染物的排放强度进行了描述。

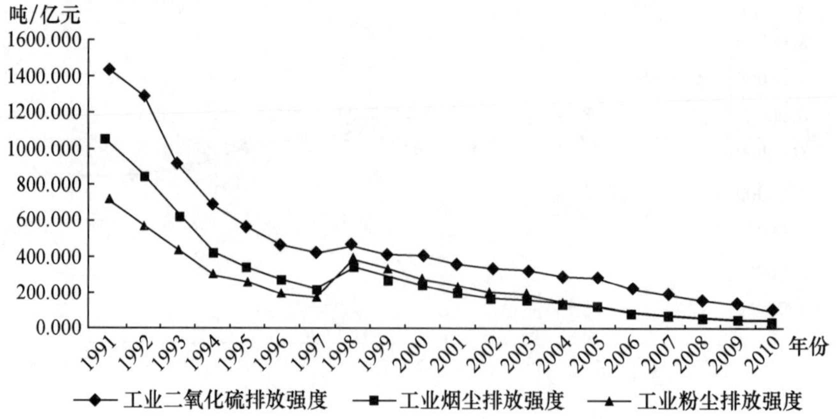

图 3－15　工业废气排放强度的时间变化趋势

资料来源：各年《中国环境年鉴》。

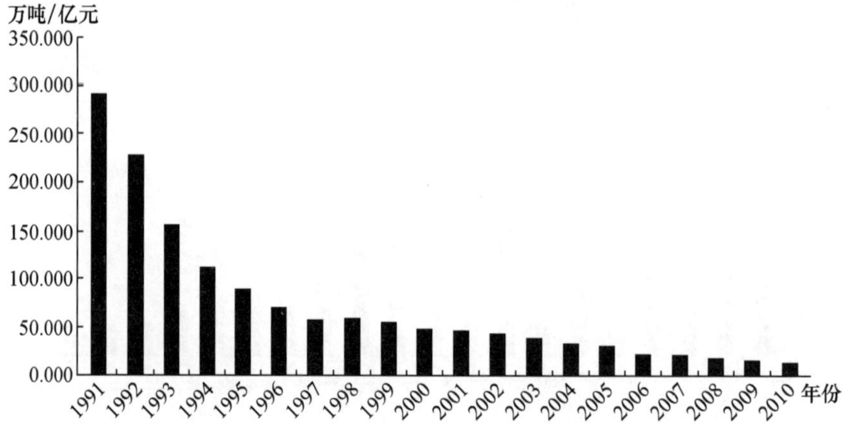

图 3－16　工业废水排放强度的时间变化趋势

资料来源：各年《中国环境年鉴》。

由图 3－15 可知，工业二氧化硫排放强度、工业烟尘排放强度、工业粉尘排放强度的变化趋势基本相同，都是随着时间的变化而不断趋于下降。以工业二氧化硫排放强度为例，1991 年工业二氧化硫排放强度为 1440. 566 吨/亿元，2010 年则下降到了 106. 016 吨/亿元。

由图 3－16 和图 3－17 可知，工业废水排放强度和工业废水中化学需氧量排放强度也随着时间变化而不断下降，其中工业废水排放强度由 1991 年的 291.403 万吨/亿元降至 2010 年的 14.762 万吨/亿元，工业废水中化学需氧量排放强度由 1999 年的 192.965 吨/亿元降至 2010 年的 27.027 吨/亿元。

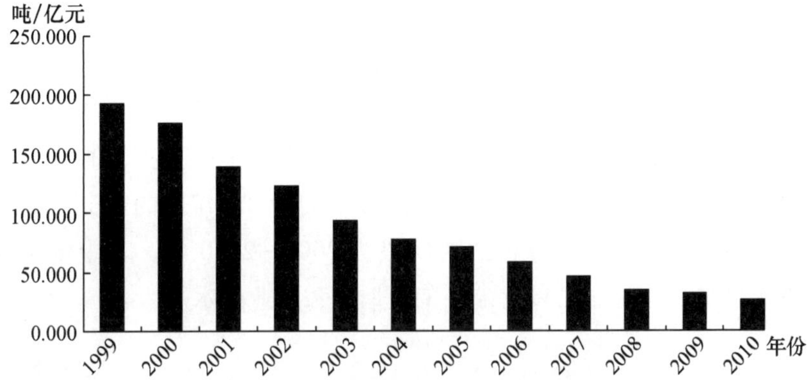

图 3－17　工业废水中化学需氧量排放强度的时间变化趋势

资料来源：各年《中国环境年鉴》。

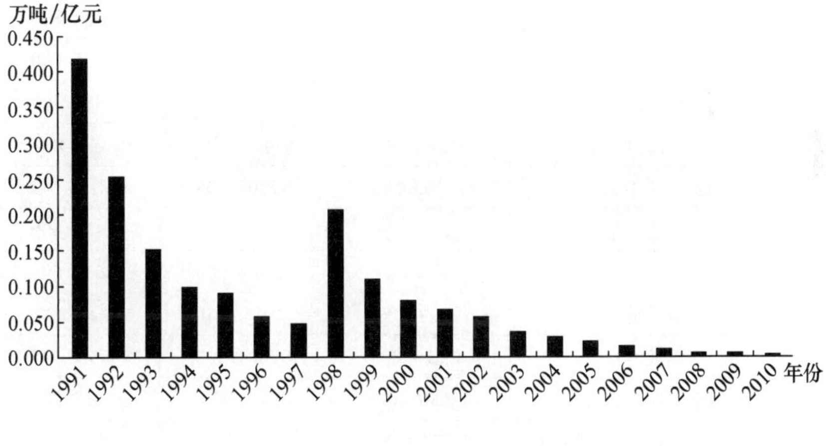

图 3－18　工业固体废物排放强度的时间变化趋势

资料来源：各年《中国环境年鉴》。

而由图 3－18 则可发现，工业固体废物排放强度与排放总量（见

图3－14）的变化趋势基本相似，都是1998年的数值突然增加，而在其之前和之后则都是呈下降趋势。但总体来看，工业固体废物排放强度也是趋于不断下降的，1991年工业固体废物排放强度为0.417万吨/亿元，2010年则只有0.003万吨/亿元。

综合来看，虽然各工业污染物排放量的变化模式不尽一致，但它们的排放强度则都基本上随着时间的变化而不断下降。

（二）工业污染物排放的具体产业特征

为了体现各个具体产业的工业污染物排放特征，本书还计算了2001—2010年间各工业产业的污染物排放量和排放强度均值（如表3－15和表3－16所示）。要说明的是，由于2001年前的部分污染物的数据不太完整，因此分析的时间段为2001—2010年，表中的工业污染物也仅包含工业二氧化硫、工业烟尘和工业废水。

表3－15　2001—2010年间具体产业的主要工业污染物排放量均值

行业	工业二氧化硫排放量（吨）	工业烟尘排放量（吨）	工业废水排放量（万吨）
煤炭开采和洗选业	166014.400	211225.300	63328.900
石油和天然气开采业	30848.900	20344.000	11439.800
黑色金属矿采选业	49637.600	32205.900	14775.600
有色金属矿采选业	93599.400	35769.500	34396.700
非金属矿采选业	52843.600	55461.300	9496.400
农副食品加工业	162253.500	207604.100	116123.700
食品制造业	97313.500	75430.000	41488.800
饮料制造业	120757.400	125488.200	52610.600
烟草制品业	13999.600	11018.200	3329.200
纺织业	267516.000	193604.300	186660.400
纺织服装鞋帽制造业	12630.400	10138.900	10415.200
皮革毛皮羽毛（绒）及其制品业	16771.700	12886.100	19386.600
木材加工及木竹藤棕草制品业	37956.600	48526.300	5518.700
家具制造业	2968.900	6661.400	1355.300
造纸及纸制品业	430915.700	428305.000	362655.200
印刷业和记录媒介的复制	3004.300	2680.300	1594.700

续表

行业	工业二氧化硫排放量（吨）	工业烟尘排放量（吨）	工业废水排放量（万吨）
文教体育用品制造业	2548.400	1593.900	917.900
石油加工炼焦及核燃料加工业	574237.100	415282.500	63025.000
化学原料及化学制品制造业	983835.200	965951.000	319502.500
医药制造业	73486.300	69849.000	42739.600
化学纤维制造业	119185.600	149806.300	49129.200
橡胶制品业	41562.700	33501.400	6636.100
塑料制品业	18120.700	10461.800	3421.800
非金属矿物制品业	1687500.600	1359053.500	41818.800
黑色金属冶炼及压延加工业	1312942.200	1006503.800	161691.000
有色金属冶炼及压延加工业	678864.200	363577.700	32738.800
金属制品业	34535.600	25977.200	22424.600
通用设备制造业	47630.100	40604.200	14215.700
专用设备制造业	31324.400	34646.100	11530.400
交通运输设备制造业	46064.800	72793.500	28432.500
电气机械及器材制造业	17937.600	15518.900	9662.800
通信计算机及其他电子设备制造业	13959.500	11689.300	23312.300
仪器仪表及文化办公用机械制造业	6780.200	4850.400	6250.000
电力热力的生产和供应业	9743572.700	15477905.700	178762.000
燃气生产和供应业	23667.200	26781.300	3234.500
水的生产和供应业	2818.700	1280.800	18405.800

资料来源：各年《中国环境年鉴》。

表 3－16　　2001—2010 年间具体产业的主要工业污染物排放强度均值

行业	工业二氧化硫排放量（吨/亿元）	工业烟尘排放量（吨/亿元）	工业废水排放量（万吨/亿元）
煤炭开采和洗选业	116.735	206.342	34.713
石油和天然气开采业	9.458	9.117	3.879
黑色金属矿采选业	277.973	261.334	79.833
有色金属矿采选业	225.372	208.771	113.535
非金属矿采选业	256.063	344.430	48.691

续表

行业	工业二氧化硫排放量（吨/亿元）	工业烟尘排放量（吨/亿元）	工业废水排放量（万吨/亿元）
农副食品加工业	88.451	145.356	52.486
食品制造业	104.142	110.784	43.122
饮料制造业	136.237	175.735	43.707
烟草制品业	8.832	8.258	2.136
纺织业	114.775	105.022	65.716
纺织服装鞋帽制造业	10.973	10.946	6.733
皮革毛皮羽毛（绒）及其制品业	24.009	21.541	21.439
木材加工及木竹藤棕草制品业	108.134	167.151	15.639
家具制造业	14.338	42.457	5.418
造纸及纸制品业	491.096	715.839	408.822
印刷业和记录媒介的复制	8.745	9.087	4.128
文教体育用品制造业	13.066	7.857	2.694
石油加工炼焦及核燃料加工业	339.338	328.235	38.515
化学原料及化学制品制造业	307.132	449.102	111.961
医药制造业	59.883	72.542	32.358
化学纤维制造业	337.906	663.290	145.007
橡胶制品业	99.430	101.888	15.833
塑料制品业	14.343	10.406	2.881
非金属矿物制品业	801.737	768.245	22.276
黑色金属冶炼及压延加工业	304.193	383.241	58.078
有色金属冶炼及压延加工业	569.687	481.031	30.412
金属制品业	24.575	25.484	13.593
通用设备制造业	24.027	24.767	7.819
专用设备制造业	27.084	42.657	10.769
交通运输设备制造业	17.062	30.820	9.563
电气机械及器材制造业	9.444	9.182	4.094
通信计算机及其他电子设备制造业	4.091	3.949	4.490
仪器仪表及文化办公用机械制造业	15.635	14.352	11.398
电力热力的生产和供应业	2095.125	5700.888	42.571
燃气生产和供应业	277.143	396.106	43.997
水的生产和供应业	16.066	7.385	62.062

资料来源：各年《中国环境年鉴》。

由表 3 - 15 可见，2001—2010 年间，工业二氧化硫排放量最高的前五个产业为电力热力的生产和供应业、非金属矿物制品业、黑色金属冶炼及压延加工业、化学原料及化学制品制造业、有色金属冶炼及压延加工业，排放量最低的五个产业为文教体育用品制造业、水的生产和供应业、家具制造业、印刷业和记录媒介的复制、仪器仪表及文化办公用机械制造业。工业烟尘排放量最高的前五个产业为电力热力的生产和供应业、非金属矿物制品业、黑色金属冶炼及压延加工业、化学原料及化学制品制造业、造纸及纸制品业，最低的五个产业为水的生产和供应业、文教体育用品制造业、印刷业和记录媒介的复制、仪器仪表及文化办公用机械制造业、家具制造业等。工业废水排放量最高的前五个产业为造纸及纸制品业、化学原料及化学制品制造业、纺织业、电力热力的生产和供应业、黑色金属冶炼及压延加工业，最低的五个产业为文教体育用品制造业、家具制造业、印刷业和记录媒介的复制、燃气生产和供应业、烟草制品业。从中可以看出，不论是哪种工业污染物，电力热力的生产和供应业、非金属矿物制品业、黑色金属冶炼及压延加工业、化学原料及化学制品制造业、有色金属冶炼及压延加工业、造纸及纸制品业的排放量都比较大，而文教体育用品制造业、水的生产和供应业、家具制造业、印刷业和记录媒介的复制、仪器仪表及文化办公用机械制造业的排放量都比较小。

从表 3 - 16 可见，工业二氧化硫排放强度最高的前五个产业为电力热力的生产和供应业、非金属矿物制品业、有色金属冶炼及压延加工业、造纸及纸制品业、石油加工炼焦及核燃料加工业，最低的五个产业为通信计算机及其他电子设备制造业、印刷业和记录媒介的复制、烟草制品业、电气机械及器材制造业、石油和天然气开采业。工业烟尘排放强度最高的前五个产业为电力热力的生产和供应业、非金属矿物制品业、造纸及纸制品业、化学纤维制造业、有色金属冶炼及压延加工业，最低的五个产业为通信计算机及其他电子设备制造业、水的生产和供应业、文教体育用品制造业、烟草制品业、印刷业和记录媒介的复制。工业废水排放强度最高的前五个产业为造纸及纸制品业、化学纤维制造业、有色金属矿采选业、化学原料及化学制品制造业、黑色金属矿采选业，最低的五个产业为烟草制品业、文教体育用品制造业、塑料制品业、石油和天然气开采业、电气机械及器材制造业。

（三）工业污染物排放的地区层面特征

从地区层面来看，各省（市、区）工业污染物排放情况如表 3－17 和表 3－18 所示①，其中表 3－17 为分地区工业污染物排放量情况，表 3－18 为分地区工业污染物排放强度情况。由于工业粉尘、工业固体废物排放数据不是很齐全，表中没有报告这两种污染物的具体情况。

表 3－17　　分地区工业污染物排放量

地区（代码）	工业二氧化硫		工业烟尘		工业废水	
	1992—2004 年均值	1992—2009 年均值	1992—2004 年均值	1992—2009 年均值	1992—2004 年均值	1992—2009 年均值
北京（01）	172118.500	150167.417	76392.038	64417.441	29011.615	23686.000
天津（02）	206435.308	209147.722	81061.385	77576.353	20419.385	21101.611
河北（03）	1039221.000	1089604.056	540025.231	529019.294	95362.923	102742.111
山西（04）	820123.538	901367.000	651173.154	675603.000	37635.154	38192.056
内蒙古（05）	664138.269	846188.750	404560.192	428428.382	24618.846	25313.278
辽宁（06）	733996.231	807113.944	565788.308	546226.353	119676.692	111612.333
吉林（07）	207648.615	235357.333	330668.846	323629.118	39422.385	39365.722
黑龙江（08）	244692.500	297555.694	442846.154	438000.000	60455.154	54853.444
上海（09）	354299.115	347607.583	104046.154	90076.471	92926.462	79895.000
江苏（10）	1055987.308	1084874.167	474016.231	449100.647	223815.615	237667.944
浙江（11）	535589.038	502092.083	201918.077	239875.118	124633.923	145411.167
安徽（12）	354447.692	365641.111	237536.308	269414.412	72999.231	72033.333
福建（13）	172012.322	195877.841	81140.268	120719.734	67942.077	86717.833
江西（14）	280737.192	306143.528	216086.000	250183.412	55128.154	57888.611
山东（15）	1428986.700	1257157.061	526209.208	592042.335	104194.308	120232.556
河南（16）	690967.346	729296.155	585274.346	632682.781	101041.462	109721.444

① 由于 1992 年前的数据不全，因此考察的整体时间跨度定为 1992—2009 年，同时为了与后文的实证分析保持一致，表中也报告了 1992—2004 年间的工业污染物情况。此外，由于西藏的数据较为残缺，故将西藏从样本中剔除；重庆 1997 年才成立，故将重庆作并入四川省处理。

续表

地区（代码）	工业二氧化硫		工业烟尘		工业废水	
	1992—2004年均值	1992—2009年均值	1992—2004年均值	1992—2009年均值	1992—2004年均值	1992—2009年均值
湖北（17）	472673.385	454914.111	279136.462	300848.471	119561.769	111882.944
湖南（18）	577757.885	590130.694	341476.577	393923.265	133918.692	125125.333
广东（19）	715289.846	686153.778	247174.077	331368.412	128956.692	155067.056
广西（20）	650756.962	634324.472	392909.269	429695.324	93741.846	113583.722
海南（21）	21568.490	21978.909	13754.188	12600.849	7699.308	7436.222
四川（22）	953307.154	988928.879	765552.846	689481.588	134914.000	128950.944
贵州（23）	613507.423	664477.583	273830.269	252140.794	24037.615	21030.056
云南（24）	291708.346	331156.028	180197.231	175150.824	39738.231	38029.667
陕西（25）	592500.859	652417.287	351951.462	325962.882	34091.385	37367.944
甘肃（26）	350237.115	384321.250	149145.731	138493.794	29781.462	26064.000
青海（27）	26608.692	53354.222	44002.231	46175.765	4512.846	5348.556
宁夏（28）	181059.192	216153.861	99666.962	100157.088	9230.308	12388.000
新疆（29）	131561.385	152061.000	134541.420	169437.556	17364.154	18576.667

注：工业二氧化硫和工业烟尘排放量单位均为吨，工业废水排放量单位为万吨。

表 3－18　　分地区工业污染物排放强度

地区（代码）	工业二氧化硫		工业烟尘		工业废水	
	1992—2004年均值	1992—2009年均值	1992—2004年均值	1992—2009年均值	1992—2004年均值	1992—2009年均值
北京（01）	307.808	235.375	149.244	117.110	54.481	40.740
天津（02）	379.563	297.504	150.378	121.475	38.942	30.635
河北（03）	697.974	559.070	368.564	301.916	65.857	53.023
山西（04）	1344.149	1079.278	992.450	825.870	71.464	55.378
内蒙古（05）	2244.901	1770.663	1574.270	1259.843	82.795	62.803
辽宁（06）	526.337	436.275	413.860	341.242	88.581	69.213
吉林（07）	426.211	350.988	726.565	594.864	85.228	67.039
黑龙江（08）	228.250	201.970	436.365	365.141	61.823	48.123
上海（09）	247.536	197.415	81.983	64.866	72.090	54.652
江苏（10）	380.781	301.352	189.796	152.675	82.132	65.487
浙江（11）	266.984	207.293	107.378	94.036	64.845	53.356

续表

地区（代码）	工业二氧化硫		工业烟尘		工业废水	
	1992—2004年均值	1992—2009年均值	1992—2004年均值	1992—2009年均值	1992—2004年均值	1992—2009年均值
安徽（12）	525.142	422.377	367.657	320.007	119.638	93.680
福建（13）	190.160	157.010	96.964	92.255	79.086	66.892
江西（14）	669.482	534.721	604.314	510.029	153.131	118.914
山东（15）	582.477	439.123	220.057	185.856	41.054	33.053
河南（16）	447.836	358.015	409.680	344.868	73.876	58.512
湖北（17）	531.361	418.762	322.833	277.537	149.923	115.759
湖南（18）	744.508	594.798	427.559	375.418	195.154	150.071
广东（19）	226.258	176.195	91.928	82.341	49.161	39.960
广西（20）	1367.772	1079.439	791.580	688.716	203.863	170.504
海南（21）	413.818	326.200	258.681	207.193	157.445	121.755
四川（22）	1065.877	852.191	850.783	683.145	156.472	121.631
贵州（23）	2562.770	2081.258	1135.513	915.968	108.522	82.224
云南（24）	530.260	458.059	346.036	289.385	81.452	64.628
陕西（25）	1321.212	1049.117	822.270	656.002	79.440	62.635
甘肃（26）	1364.953	1125.126	610.163	494.141	130.653	99.111
青海（27）	395.240	393.183	735.541	606.174	81.820	65.733
宁夏（28）	2530.829	2071.173	1485.517	1210.573	129.189	109.747
新疆（29）	539.434	433.517	514.654	445.143	67.245	53.047

注：工业二氧化硫和工业烟尘排放强度单位均为吨/亿元，工业废水排放强度单位为万吨/亿元。

从工业污染物排放量均值来看，1992—2009年，工业二氧化硫排放量最高的为山东、河北、江苏、四川、山西，最低的为海南、青海、新疆、福建、北京，其他地区居于中间；工业烟尘排放量最高的为四川、山西、河南、山东、辽宁，最低的为海南、青海、北京、上海、天津；工业废水排放量最高的为江苏、广东、浙江、四川、湖南，最低的为青海、海南、宁夏、新疆、贵州。进一步观察可以发现，1992—2004年分地区工业污染物排放量排序与1992—2009年几乎是一致的，1992—2009年工业污染物排放量最高（最低）的地区同时也是1992—2004年排放量最高（最低）的地区。从中也可以知道，西部地区的工业污染物排放量普遍较低，但东部地区和中部地区则没有统一的规律，既有污染物排放量较高的山东等地，也有排放量较低的北京等地。

从工业污染物排放强度均值来看，1992—2009 年，工业二氧化硫排放强度最高的为贵州、宁夏、内蒙古、甘肃、广西，最低的为福建、广东、上海、黑龙江、浙江；工业烟尘排放强度最高的为内蒙古、宁夏、贵州、山西、广西，最低的为上海、广东、福建、浙江、北京；工业废水排放强度最高的为广西、湖南、四川、海南、江西，最低的为天津、山东、广东、北京。由此可以看出，与工业污染物排放量的规律不同，工业污染物排放强度较高的地区则基本上都是中西部地区，而工业污染物排放强度较低的地区基本上都是经济较发达的东部省份。这显示出，东部地区省份单位工业增加值产生的污染物排放量较低，而中西部地区则较高。

由于后文将以 1992—2004 年数据实证分析银行业市场结构对工业污染物排放强度的影响，因此，这里将对 1992—2004 年工业污染物排放强度进行进一步的分析。表 3 - 18、图 3 - 19 至图 3 - 21 反映了 1992—2004 年各省（市、区）工业污染物排放强度情况。从中可以看出，与 1992—2009 年一样，1992—2004 年各工业污染物排放强度的地区规律是：东部地区的排放强度较低，而中西部地区的排放强度较高。以 2004 年为例（见图 3 - 22 至图 3 - 24），2004 年山西、内蒙古、甘肃、贵州等中西部地区的工业污染物排放强度要明显高于广东、江苏、福建等东部省份。

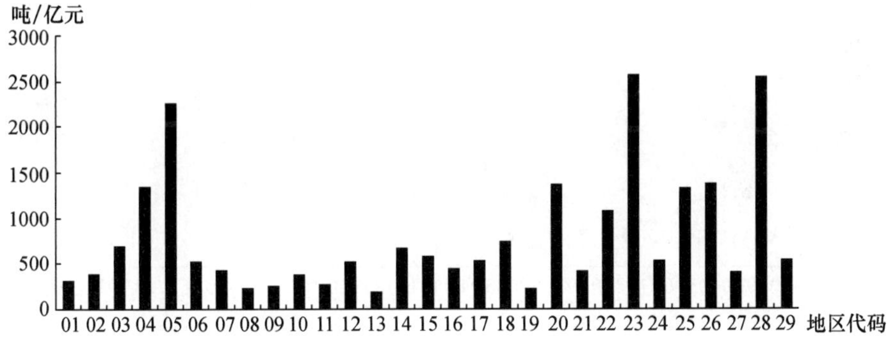

图 3 - 19　1992—2004 年各省（市、区）工业二氧化硫排放强度均值

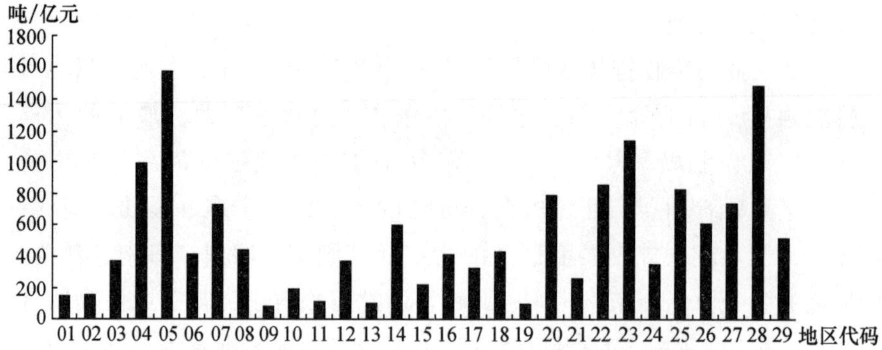

图 3－20　1992—2004 年各省（市、区）工业烟尘排放强度均值

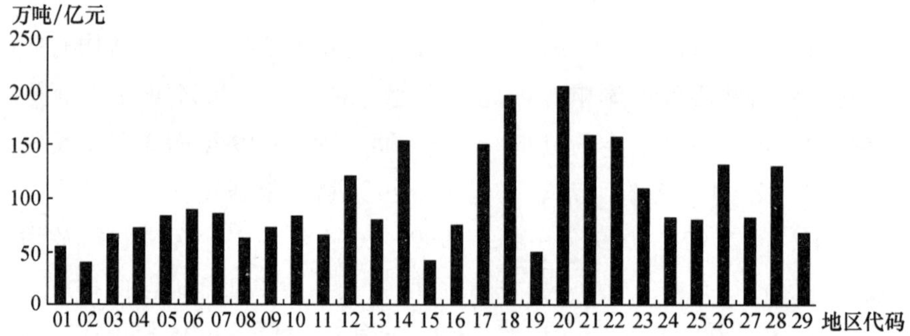

图 3－21　1992—2004 年各省（市、区）工业废水排放强度均值

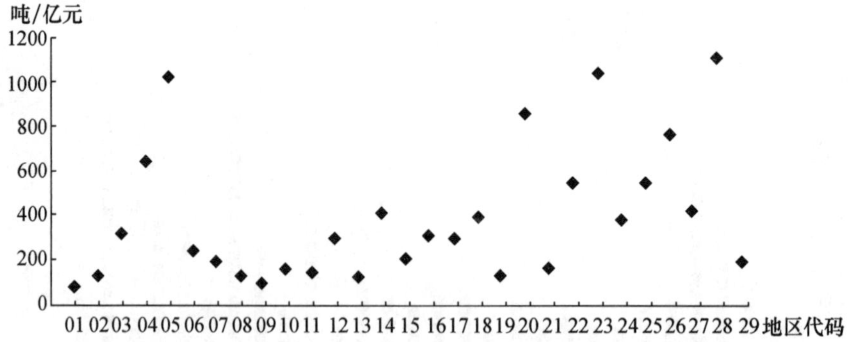

图 3－22　2004 年各省（市、区）工业二氧化硫排放强度

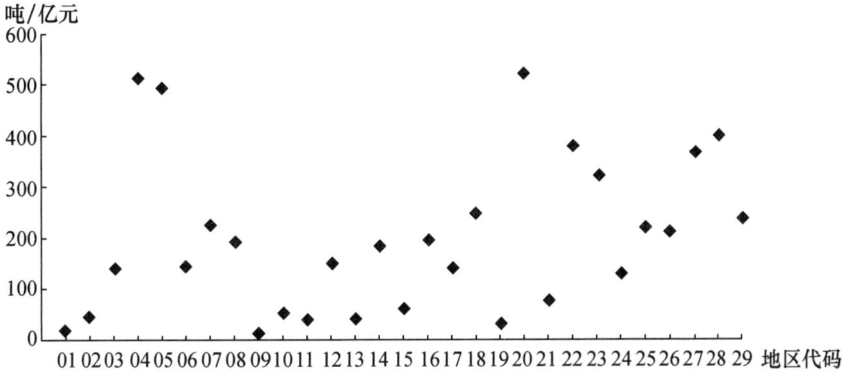

图3－23　2004年各省（市、区）工业烟尘排放强度

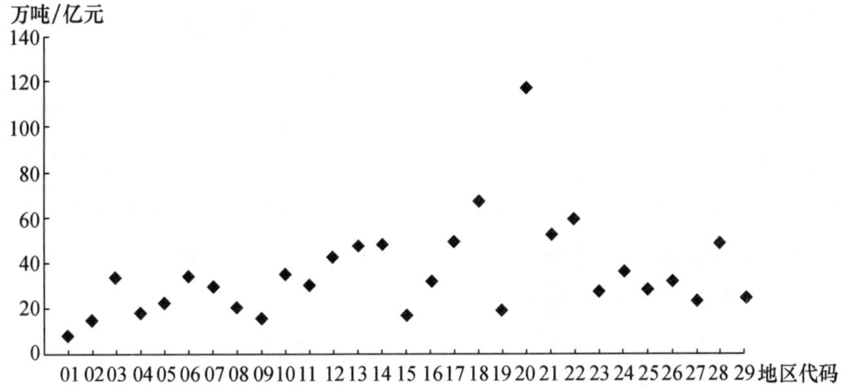

图3－24　2004年各省（市、区）工业废水排放强度

本章小结

本章对中国银行业市场结构与工业发展特征进行了初步分析。

分析表明，就银行业市场结构而言，改革开放以来中国银行业市场结构经过了四个演变阶段，伴随着银行业从“大一统”的银行体系到当前多种金融机构并存发展，银行之间的竞争也不断加强。同时，虽然股份制商业银行、城市商业银行等的市场份额不断上升，但四大国有商业银行仍拥有绝对的市场优势，银行业市场结构也仍属于中（上）集中度寡占型市场结构。从地区特征来看，中国银行业市场结构存在着较强的区域差异，东部地区的银行业集中度要明显低于西部地区的银行业集中度，同时，近年来二者之间的差异进一步拉大。

就工业发展而言，从产业增长来看，考察期内，产业增长最快的行业为石油加工及炼焦业、通信计算机及其他电子设备制造业、医药制造业等；如果将产业增长分解为新企业形成和企业规模增长，那么新企业形成最快的行业为有色金属冶炼及压延加工业、石油加工及炼焦业、医药制造业等；研究还发现，东部地区的工业产业增长和新企业形成较快，中西部地区则次之。从工业技术创新来看，近年来，中国工业整体的技术创新水平随着时间变化而不断提升，高技术产业的技术创新水平较高，资源采选业的技术创新水平较低，其他产业则介于二者之间；同时，不论是用专利申请数还是用新产品销售收入份额来度量技术创新，东部地区的工业技术创新水平都要高于西部地区。从工业污染物排放来看，各工业污染物（工业废水、工业烟尘、工业二氧化硫等）排放量随时间的变化模式不尽一致，但排放强度则基本上随着时间的变化而不断下降；同时，电力热力的生产和供应业、非金属矿物制品业、黑色金属冶炼及压延加工业、化学原料及化学制品制造业、有色金属冶炼及压延加工业等重化产业的工业污染物排放量和排放强度都较大；此外，在工业污染物排放的地区特征上，就工业污染物排放量而言，西部地区普遍较低，东部地区和中部地区则没有统一的规律；但就工业污染物排放强度而言，中西部地区则普遍较高，而东部地区则普遍较低。

由于后文将利用地区层面的银行业市场结构与工业发展数据，实证检验银行业市场结构对中国工业发展的影响。为此，这里先对地区层面的银行业市场结构与工业发展之间的关系进行一个初步的分析。综合前面的结论，可以发现，东部地区的银行业集中度明显要低于西部地区，但同时东部地区的工业产业增长和技术创新水平都要高于西部地区，工业污染物排放强度也要低于西部地区。换句话说，银行业集中度较低的地区，产业增长也较快、技术创新水平较高、工业污染物排放强度也较低。那么，是不是较低的（较高的）银行业集中度会促进（抑制）产业增长、技术创新和降低（提高）工业污染物排放强度？为此，下文将从理论和实证两个方面进行进一步的深入研究。

第四章　银行业市场结构对工业发展的影响：理论分析

上一章对中国银行业市场结构与工业发展进行了描述分析，并发现了二者之间的初步关系，本章将从理论的角度进一步分析银行业市场结构对工业发展的影响。在第二章文献综述中，局部均衡理论和一般均衡理论在分析关于银行业市场结构对经济增长的影响时，强调垄断的银行业市场结构和竞争的银行业市场结构各有优劣。但正如林毅夫和孙希芳（2008）所指出的，局部均衡理论和一般均衡理论仅从银行业市场结构自身出发，却没有考虑一个国家或地区的银行业市场结构所处的经济结构的影响。

对于中国而言，虽然自改革开放以来，经济发展水平不断提高，但要素禀赋决定了中国经济仍然是中小企业占据主体地位。同时，从所有制形式来看，中小企业大多又属于非国有企业。而中国的银行业市场结构却一直是国有商业银行占据着主导地位，国有银行的所有制偏向一直广为诟病，这也就决定了中国银行业市场结构对产业发展的影响规律，可能与发达国家并不完全相同。较高的银行集中度可能使银行体系流出的信贷资金不能有效地流向增长较快的企业或是技术创新能力及减排能力较强的企业，从而对中国工业产业增长、工业产业技术创新和降低工业污染物的排放产生抑制作用。因此，下文将从这三个方面逐一深刻剖析。

第一节　银行业市场结构对产业增长的影响

在不考虑经济结构，仅考虑银行业市场结构自身特征的情况下，不同的银行业市场结构各有优劣。在垄断性的银行业市场结构条件下，银行能充分发挥规模经济的优势，通过适度扩大规模降低经营成本、提高经营效率；同时，具有较强垄断势力的银行更有能力去甄别借款人的优劣并降低逆向选择和道德风险；此外，在垄断性的银行业市场结构条件下，银行能与借款者形成长期的契约关系，进而增加关系贷款的数量。这些都有利于银行动员储蓄和配置资金功能的发挥。但垄断性的银行业市场结构也存在不足之处，如由于缺乏竞争，银行缺乏改进技术、提高自身产品与服务质量的动力，同时垄断银行为了追求自身利润最大化可能会提供较少的服务、制定较高的价格，进而造成社会福利损失，这些都不利于金融中介功能的发挥，具体到产业层面即对产业增长产生不利影响。

而在竞争性的银行业市场结构条件下，迫于竞争的压力，银行不得不注重经营效率和技术进步，存在问题的银行不得不退出市场，进而促进了银行业的“优胜劣汰”，有利于降低整个银行业的风险；竞争也使得均衡的贷款利率不断下降，从而降低了企业的借款成本进而对企业发展产生有利影响。这些都是有利于资本积累进而有利于产业增长的。但同时，在竞争性银行业市场结构条件下，由于银行数目众多，银行规模一般低于行业最佳规模水平，不利于规模经济的发挥；银行没有形成长期的银企关系的动力，也没有足够的能力去甄别潜在借款人的优劣，进而使得逆向选择和道德风险问题较为突出。这些又对银行的金融中介效率产生不利影响，进而不利于产业增长。

因此，单就银行业市场结构的自身特征来说，不同的银行业市场结构对产业增长的影响均有两面性。但银行业市场结构是内生于一定的经济结构的，在分析银行业市场结构的经济影响时，不能割裂银行业市场结构与经济结构之间的关系。不同的经济结构条件下，银行业市场结构的作用发挥也不同。

按照最优金融结构理论（林毅夫等，2009）①，只有金融结构与实体经济结构相互匹配，才能有效地发挥金融体系在动员储蓄、配置

① 林毅夫、孙希芳、姜烨：《经济发展中的最优金融结构理论初探》，《经济研究》2009 年第 8 期。

资金和分散风险方面的功能。不同经济发展阶段的经济体具有不同的要素禀赋结构，进而决定了其最具竞争力的产业、技术结构和具有自生能力的企业特征的不同。对于低收入经济体而言，企业主要还是劳动密集型的中小企业，中小企业的资金需求规模相对较小、信息相对不透明。而对于发达经济体而言，其要素禀赋结构的特征是资本相对丰富、劳动力相对短缺、企业规模相对较大，并具有较大的资金需求规模。因此，发展中国家的金融体系应以能用较低的交易成本为劳动密集型中小企业的发展提供金融服务的金融安排为主体，而发达经济体的金融体系应以能够有效地分散风险并为大型企业提供融资服务的金融安排为主体。具体到银行业而言，由于大银行能满足大型企业的较大资金需求规模，更适于监督大企业，更适合向信息相对透明、易于提供硬信息的大企业贷款，进而在为大企业提供金融服务时具有比较优势；而规模较小的中小银行虽难以提供大额贷款，但却能与中小企业建立长期的银企关系，具有较强的收集潜在借款者的软信息的能力，进而中小银行在为中小企业提供金融服务时具有比较优势。结合不同规模银行的比较优势和不同经济发展阶段经济结构的特点可知，在低收入经济体中，应着力发展中小银行，而在发达经济体中应着力发展大型银行，只有这样，银行业市场结构才是与经济结构最匹配也最有利于经济发展的。

对于中国而言，虽然近年来经济发展水平不断提高，但要素禀赋决定了经济仍然是中小企业占据主体地位，最优银行结构仍然应是以中小银行为主导的银行体系。因此，就产业增长而言，整体上，以国有大型银行为主导的银行体系显然是不利于产业增长的。当然，就具体的行业来说，行业之间是异质性的，如果行业中企业的平均规模较大，中国以大型银行为主体的高集中度的银行业市场结构是有利于这些产业的增长的；而如果行业中企业的平均规模较小，那么中国以大型银行为主体的高集中度的银行业市场结构则会对这些行业的增长产生不利影响。同时，随着未来要素禀赋结构的进一步变化，最优银行业市场结构会发生变化，其对产业增长的影响同样也会相应发生变化。

第二节 银行业市场结构对技术创新的影响

自熊彼特在其著作《经济发展理论》中指出金融对技术创新的重要性以后，大量的研究关注了金融系统与技术创新之间的关系。既有的理论研究表明，金融系统能通过动员储蓄、信息揭示、完善公司治理、分散风险、便利交易等渠道来推动技术创新。但是，不论哪个渠道，金融系统对技术创新作用的发挥，关键在于金融资源要分配给那些最有可能成功开发新产品并投入生产也就是说创新效率较高的企业。

而作为一个转型经济体，中国的企业按所有制性质可分为国有企业和非国有企业。两种不同类型的企业由于产权性质的迥异，不仅具有不同的生产效率，而且具有截然不同的创新效率。针对中国的经验研究，几乎都不约而同地得出了在技术创新方面非国有企业比国有企业具有更高创新效率的结论①（Zhang et al.，2003；Hu and Jefferson，2008；Chen et al.，2008；Lin et al.，2010）。就本书分析时间段中的创新投入而言，1998—2003 年，非国有企业研发投入规模远高于国有企业，非国有企业中的民营企业和外资企业研发投入年均增长 52.38%、30.97%，而国有企业仅增长 0.79%；就创新产出而言，不论是用总专利申请数，还是用新产品销售收入来度量，国有企业的创新产出都低于非国有企业，显示出国有企业技术创新动力的严重不足（如表 4-1、表 4-2 所示）。

---

① 具体来说，Zhang 等（2003）利用中国 1995 年大中型工业企业数据研究发现，不同所有制类型企业的创新效率排序中，排名最前的为外资企业，其次为港澳台企业、股份制企业和集体企业，排名最低的则为国有企业；Hu 和 Jefferson（2008）利用中国 1995—2001 年间大中型制造企业数据发现，相对于国有企业而言，非国有企业具有更高的专利申请倾向，非国有企业的进入和国有企业的退出能导致样本期间的专利申请数增加 10%；Chen 等（2008）运用中国上市公司数据发现，非国有控股企业的创新效率明显高于国有控股企业；Lin 等（2010）通过世界银行的中国企业微观数据，也发现相对于国有企业而言，私营企业与合资企业有更高的研发投资倾向。

表 4-1　　不同所有制类型企业的创新投入　　单位：亿元

	1998 年	1999 年	2000 年	2001 年	2002 年	2003 年	均值	增长率（%）
国有企业								
研发投入	9.25	9.97	12.26	12.21	14.26	8.09	10.99	0.79
技术改造	23.53	19.99	24.04	23.07	25.08	16.59	22.05	-4.79
技术引进	4.34	3.97	3.56	2.81	3.22	1.89	3.30	-13.34
购买国内技术	0.37	0.24	0.36	0.42	0.59	0.26	0.37	3.28
消化吸收	0.21	0.24	0.22	0.18	0.18	0.12	0.19	-9.80
民营企业								
研发投入	3.87	5.45	9.95	14.36	16.90	29.84	13.40	52.38
技术改造	5.19	6.08	11.08	16.00	20.87	41.83	16.84	54.93
技术引进	1.45	1.75	2.87	3.98	5.71	7.86	3.94	41.00
购买国内技术	0.13	0.18	0.46	0.73	0.76	1.40	0.61	68.23
消化吸收	0.18	0.23	0.28	0.33	0.51	0.43	0.33	21.15
外资企业								
研发投入	2.93	3.60	5.43	6.33	7.64	11.00	6.16	30.97
技术改造	2.00	2.18	2.72	3.19	3.78	4.79	3.11	19.26
技术引进	1.42	1.24	1.80	2.84	3.48	3.76	2.42	24.16
购买国内技术	0.11	0.05	0.07	0.06	0.08	0.15	0.09	18.66
消化吸收	0.10	0.14	0.11	0.15	0.17	0.35	0.17	36.94

资料来源：吴延兵：《中国哪种所有制类型企业最具创新性》，《世界经济》2012 年第 6 期。

表 4-2　　不同所有制类型企业的创新产出

	1998 年	1999 年	2000 年	2001 年	2002 年	2003 年	均值	增长率（%）
国有企业								
专利申请数（个）	93.77	108.33	119.13	108.80	147.63	110.23	114.65	5.44
新产品销售收入（亿元）	67.08	71.31	84.52	74.44	92.03	51.86	73.54	-1.42

续表

民营企业								
专利申请数（个）	95.97	122.70	198.20	305.93	379.70	631.03	288.92	46.81
新产品销售收入（亿元）	37.72	55.52	77.58	105.23	129.91	234.40	106.73	45.29
外资企业								
专利申请数（个）	21.55	32.86	79.28	99.90	182.57	304.80	120.16	73.89
新产品销售收入（亿元）	42.19	60.18	95.81	117.37	139.32	183.66	106.42	34.97

资料来源：吴延兵：《中国哪种所有制类型企业最具创新性》，《世界经济》2012 年第 6 期。

那么，为什么国有企业的创新效率要明显低于非国有企业？理论上，政府在那些需要持续创新的领域中的扩张会阻碍创新和知识增长（Marshall，1907）①，政府拥有所有权的企业中的企业经理通常也没有进行改善质量的创新投资和降低成本的激励（Hart et al.，1997；Shleifer，1998）②③，因此，在需要创新激励和削减成本的领域，政府所有权通常劣于私人所有权。从进一步分析来看，技术创新不同于一般的生产过程，其具有较强的不确定性和风险性，创新成果的市场绩效水平也难以衡量，因此要使企业的经营者致力于技术创新，必须让经营者能够实现长期的自我利益激励。国有企业的经营者由于国有企业的公有产权属性使其无法合法地拥有企业所有权，进而不能实现创新中剩余索取权与剩余控制权之间的匹配，因此除了生产效率损失外，国有企业还存在创新效率损失问题（吴延兵，2012）。④ 与国有企业不同，非国有企业具有市场竞争充分和产权结构清晰的双重优

① Marshall A., The Social Possibilities of Economic Chivalry, *Economic Journal*, No. 17, 1907, pp. 7 – 29.

② Hart O., Shleifer A., Vishny R. W., The Proper Scope of Government: Theory and an Application to Prisons, *Quarterly Journal of Economics*, Vol. 112, No. 4, 1997, pp. 1127 – 1161.

③ Shleifer A., State versus Private Ownership, *Journal of Economic Perspectives*, Vol. 12, No. 4, 1998, pp. 133 – 150.

④ 吴延兵：《国有企业双重效率损失研究》，《经济研究》2012 年第 3 期。

势，这促使非国有企业在致力于提高长期竞争力的同时，又尽可能地优化资源配置，因而非国有企业具有较高的创新效率。

国有企业的创新效率明显低于非国有企业，但对于中国而言，由银行体系流出的大量信贷资金却集中流向了创新效率较低的国有企业部门（Allen et al.，2005）①。如图4－1所示，1985—2005年，中国银行业金融机构贷款的80%以上流向了国有部门。

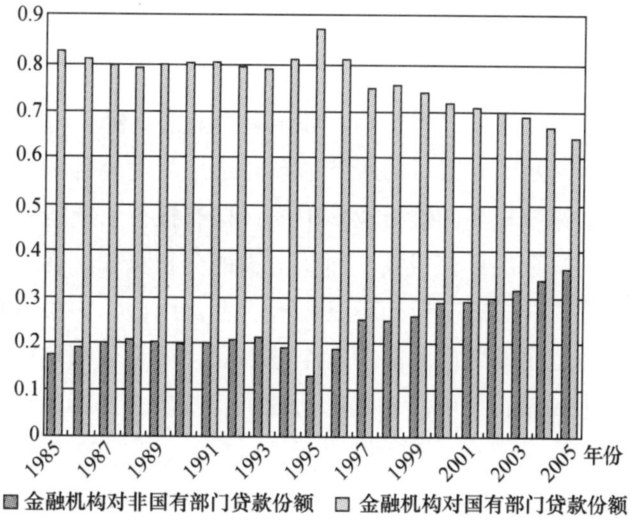

图4－1　中国金融机构对国有部门和非国有部门的贷款份额

资料来源：冯涛、宋艳伟等：《财政分权、地方政府行为与区域金融发展》，《西安交通大学学报》（社会科学版）2007年第5期。

对于银行信贷资金集中流向国有企业，一些研究认为，主要的原因在于中国银行业中国有银行的主导地位和国有银行在信贷方面的所有制倾向。如卢峰和姚洋（2004）指出，基于政治的原因，在中国的银行业中，国有企业不偿还贷款被认为是可以接受的，但贷款给私人企业往往被怀疑收受了贿赂，同时金融监管部门出台的商业银行贷款

① Allen F.，Qian J.，Qian M.，Law, Finance and Economic Growth in China, *Journal of Financial Economics*, Vol. 77, No. 1, 2005, pp. 57－116.

政策和纪律也使得信贷部门总是遵循国家或国有项目优先分配信贷的原则，因此，非国有部门受到极为严重的信贷歧视。[①] 而另一些研究则认为，国有银行的所有制偏向并不是造成银行业信贷资金大量流向国有企业的唯一因素，国有银行在为非国有企业提供信贷服务时没有比较优势也是重要原因（林毅夫、孙希芳，2008）。由于中国非国有企业的建立和发展大多遵循了比较优势，与国有企业相比，其资本密集度相对更低、企业规模相对更小。因此，按照最优金融结构理论，对于中国所处的经济发展阶段而言，与中小银行相比，大银行在为非国有企业提供金融服务时并不具有比较优势，以国有大银行占主体的高集中度的银行业市场结构影响了非国有企业信贷资金的可获得性。

但是，不论是国有银行的所有制倾向还是最优金融结构理论的解释，其实都意味着较高的银行业集中度（国有银行业垄断）不利于非国有企业信贷资金的可获得性。而从上面的分析可知，在中国，最具创新性的企业为非国有企业而不是国有企业。因此，如果将整个工业部门划分为国有企业部门和非国有企业部门，那么较高集中度的不合理的银行业市场结构影响了中国银行业的信贷资金并没有流向最具创新性的非国有企业部门，进而不利于整体工业部门技术创新效应的发挥。

当然，上述认识是从定性分析中得到的，下文将建立一个简化的数量模型，以进一步从理论上分析银行业市场结构对工业技术创新的影响。[②]

假设存在这样一种经济结构，有一个政府；一个工业产业，工业产业又由两个生产部门——非国有企业部门 p 和国有企业部门 s 组成；一个信贷部门，信贷部门又由两个机构——非国有银行[③] B_p 和国有银行 B_s 组成。

---

① 卢峰、姚洋：《金融压抑下的法治、金融发展和经济增长》，《中国社会科学》2004年第1期。

② 刘瑞明（2011）构建一个简单的数理模型分析了国有经济通过金融压抑对国民经济产生的拖累效应，本书则在刘瑞明（2011）的基础上进一步扩展，分析银行业市场结构对产业技术创新的影响。

③ 本书将四大国有银行以外的银行业金融机构统称为非国有银行。

假设生产部门的技术创新函数可以用简化的 AK 函数来表示，即分别为 $y_p = A_p k_p$ 和 $y_s = A_s k_s$，其中，y_p、y_s 为非国有企业和国有企业的创新产出；k_p、k_s 为非国有企业和国有企业的研发资金投入；A_p、A_s 为效率参数，一般而言，$A_p > A_s$。此时，产业总的创新产出 Y 为 $y_p + y_s$。

假定 k_p、k_s 全部来自从信贷部门所获得的贷款，生产部门创新活动总的融资需求 k 为 $k_p + k_s$，信贷部门的可贷资金 K 为 $K_p + K_s$，其中 K_p、K_s 分别为非国有银行、国有银行提供的信贷资金。市场的均衡利率为 r，则有 $k(r) = K(r)$。

企业除了向银行支付利率，还需付一定额外的融资成本，假定非国有企业和国有企业的融资成本函数为：

$C_i = \frac{1}{2} b_i k_i^2$，$i = p$，$s$，且 $b_p > b_s$，b_i 为融资成本系数，其值越大，代表融资成本越高。

在以上假定的基础上，我们可以根据不同的银行业市场结构情况，对产业中企业的创新行为进行讨论。

（1）基准情形：不存在国有银行垄断的情形下，此时每个企业都被假定能获得所需的研发资金

假设单位创新产出的市场收益为 $M_i (i = p, s)$，此时非国有企业技术创新所获得的实际收入 R_p 为：

$$R_p = M_p A_p k_p - r k_p - \frac{1}{2} b_p k_p^2 \qquad (4-1)$$

求一阶条件，可得非国有企业最优融资额为：

$$k_p = \frac{M_p A_p - r}{b_p} \qquad (4-2)$$

同理，可求出国有企业的最优融资额为：

$$k_s = \frac{M_s A_s - r}{b_s} \qquad (4-3)$$

从式（4-2）和式（4-3）可以进一步得出：

$$\frac{\delta k_i}{\delta r} < 0,\ \frac{\delta k_i}{\delta b_i} < 0,\ \frac{\delta k_i}{\delta A_i} > 0,\ \frac{\delta k_i}{\delta M_i} > 0,\ i = p,\ s \qquad (4-4)$$

由此，可以得到如下命题：

产业中企业创新活动的融资需求取决于单位创新产出的市场收益、企业的效率参数、市场利率和融资成本，其随着单位创新产出的市场收益和企业效率参数的上升而上升，随着市场利率和融资成本的上升而下降。

（2）扩展情形：存在国有银行垄断的情形，此时非国有银行的金融供给受到抑制

假定存在国有银行垄断情形下，非国有银行提供的信贷资金为 K_p'，$K_p' < K_p$。K_p'的大小可以衡量国有银行的垄断情况，K_p'越小，国有银行的垄断势力则越强，极端情形 $K_p' = 0$ 时，国有银行处于完全垄断地位。

信贷部门提供的资金总量由 K 变化为 K'，由于 $K_p' < K_p$，因此有 $K' < K$。

在生产部门融资需求总量不变的条件下，市场利率变化为 r'，并有 $r' > r$。

在如上假定下，生产部门创新活动的期望收入变化为：

$$E(u_i) = M_i A_i k_i - r' k_i - \frac{1}{2} b_i k_i^2 \qquad (4-5)$$

求一阶条件，可得企业的最优融资额为：

$$k_i' = \frac{M_i A_i - r'}{b_i}, \quad i = p, s \qquad (4-6)$$

将式（4-6）与式（4-2）、式（4-3）进行比较，可知 $k_i' < k_i$，进而有 $y_i' < y_i$，即非国有企业和国有企业的创新产出都比基准情形有所下降。同时，结合前面的命题可以得出，国有银行垄断程度越高，K_p'越小，r'越高，企业创新活动的融资额 k'_i 越小，创新产出 y'_i 越小，产业总的创新产出 Y'越小。

根据以上分析，国有银行垄断限制了非国有银行的资金供给，损害了企业创新活动研发资金的获取，进而减少了产业总的创新产出。由此，我们提出如下可检验的假说：

较高的银行业集中度（国有银行垄断）不利于工业技术创新。

第三节　银行业市场结构对工业污染物排放的影响

前面分析了银行业市场结构对产业增长、产业技术创新的影响，在上述分析的基础上，本节将进一步从理论上讨论银行业市场结构对工业减排影响的作用机理。由于分析银行业市场结构对工业减排的影响，实际上要分析的是银行业市场结构（用银行业集中度来表示）对工业污染物排放的影响是正还是负。因此，本部分将从理论上直接分析银行业市场结构对工业污染物排放的影响。同时，对工业污染物排放的刻画，用的是排放强度而不是排放量。

（一）工业污染物排放强度的因素分解模型

为了分析银行业市场结构对工业污染物排放的影响，首先建立工业污染物排放强度的因素分解模型。

因素分解法是探讨能源效率、碳排放、工业污染物等问题时一个较为常用的方法，学者们一般应用因素分解方法来分析能源效率变化、碳排放变化、工业污染物变化等的驱动因素和变化特征。应用不同的方法可以将工业污染物排放的影响因素分解为不同种类，如 Grossman 和 Krueger（1991）将污染排放分解成规模效应、技术效应和结构效应①；与中国有关的研究中，黄菁（2009）同样将污染排放分解为规模效应、结构效应和技术效应②，而陆文聪和李元龙（2010）则将工业污染排放分解为规模效应、结构效应、治理效应和技术效应。③ 但上述研究主要建立的是工业污染物排放总量和人均工业污染物排放量的分解模型，本部分则在现有研究的基础上，建立工

---

① Grossman G., Krueger A., Environmental Impacts of a North American Free Trade Agreement, Paper Prepared for the Conference on United States – Mexico Free Trade Agreement, 1991.

② 黄菁：《环境污染与工业结构：基于 Divisia 指数分解法的研究》，《统计研究》2009 年第 12 期。

③ 陆文聪、李元龙：《中国工业减排的驱动因素研究：基于 LMDI 的实证分析》，《统计与信息论坛》2010 年第 10 期。

业污染物排放强度的因素分解模型。

设 I 为工业全行业的污染物排放强度，E 为工业全行业的污染物排放量，E_i 为第 i 个工业行业的污染物排放量，Y 为工业全行业总的工业增加值，Y_i 为第 i 个工业行业的工业增加值，则工业全行业的污染物排放强度可以表示为：

$$I = \frac{E}{Y} = \frac{\sum_i E_i}{Y} = \sum_i \left[\frac{E_i}{Y_i} \times \frac{Y_i}{Y}\right] = \sum_i e_i y_i \tag{4-7}$$

其中，e_i 为第 i 个工业行业的污染物排放强度，不同工业部门的排污强度往往不同，因此 e_i 可以称为强度效应，某工业部门的污染物排放强度较大，即其强度效应也较大；y_i 为第 i 个工业行业的工业增加值在总的工业增加值中所占的比重，它体现了工业内部的产出结构，因而可称为产业结构效应。

由式（4－7）可知，工业污染物总的排放强度受到强度效应与产业结构效应两个因素的直接影响。

假定 I^t（$t=0, 1, 2\cdots$）表示工业全行业第 t 期的污染物排放强度，I^0 表示基期的污染物排放强度，则由式（4－7）有：

$$I^t = \sum_i e_i^t y_i^t$$

$$I^0 = \sum_i e_i^0 y_i^0 \tag{4-8}$$

将 I^t 进行分解：

$$I^t = \sum_i e_i^0 y_i^0 + \sum_i e_i^0 (y_i^t - y_i^0) + \sum_i y_i^t (e_i^t - e_i^0) \tag{4-9}$$

则工业污染物排放强度的变化可以表示为：

$$\begin{aligned} \Delta I = I^t - I^0 &= \sum_i e_i^0 y_i^0 + \sum_i e_i^0 (y_i^t - y_i^0) + \sum_i y_i^t (e_i^t - e_i^0) \\ &\quad - \sum_i e_i^0 y_i^0 \\ &= \sum_i e_i^0 (y_i^t - y_i^0) + \sum_i y_i^t (e_i^t - e_i^0) \end{aligned} \tag{4-10}$$

从式（4－10）可以看出，在一定时期内，工业污染物排放强度的变化可以分解为两部分：$\sum_i e_i^0 (y_i^t - y_i^0)$ 和 $\sum_i y_i^t (e_i^t - e_i^0)$。

$\sum_i e_i^0 (y_i^t - y_i^0)$ 和 $\sum_i y_i^t (e_i^t - e_i^0)$ 分别度量了由于产业结构效应和强

度效应变化所导致的工业污染物排放强度的变化量。

产业结构效应、强度效应对工业污染物排放强度的变化量的贡献额分别为：

$$I_y = \frac{\sum_i e_i^0 (y_i^t - y_i^0)}{\sum_i e_i^t y_i^t - \sum_i e_i^0 y_i^0}$$

$$I_e = \frac{\sum_i y_i^t (e_i^t - e_i^0)}{\sum_i e_i^t y_i^t - \sum_i e_i^0 y_i^0} \qquad (4-11)$$

其中，I_y、I_e 分别表示产业结构效应、强度效应的贡献额。

由上面的分析可知，工业污染物排放强度变化取决于产业结构效应和强度效应的变化。强度效应增大，则工业污染物排放强度提高，排污强度较高的细分行业的比重下降，则工业污染物排放强度降低。因此，讨论银行业市场结构对工业污染物排放强度的影响时，有必要将注意力集中在产业结构效应和强度效应身上。具体而言，根据既有的文献，本书认为，银行业市场结构主要通过影响资本深化和生产率来影响强度效应进而对工业污染物排放强度产生影响，同时通过影响资本配置效率来影响产业结构效应进而对工业污染物排放强度产生影响。为此，下文将从这些方面分别展开讨论，以深入分析银行业市场结构对工业污染物排放强度影响的作用机理。

（二）银行业市场结构对工业污染物排放的作用机理

1. 银行业市场结构、资本深化与工业污染物排放

银行业市场结构对工业污染物排放的影响，首先来源于其对工业资本深化的影响。

20 世纪 90 年代以来，中国的工业资本深化问题引起了国内众多学者的广泛关注。既有的研究表明，近年来，中国确实出现了工业资本深化加速的态势（李治国、唐国兴，2003；蔡昉，2005）[①][②]，但中

① 李治国、唐国兴：《资本形成路径与资本存量调整模型——基于中国转型时期的分析》，《经济研究》2003 年第 2 期。

② 蔡昉：《发展阶段判断与发展战略选择——中国又到了重化工业化阶段吗?》，《经济学动态》2005 年第 9 期。

国工业的资本深化却并不是由技术进步所推动的（陈勇、唐朱昌，2006）。① 为此，很多学者指出，相较于自身要素禀赋而言，“过早的资本深化”会由于资本的边际报酬递减使得要素驱动型的经济增长趋缓（张军，2002）②，同时过度的资本深化也使得经济增长对就业的带动作用逐渐弱化（姚战琪等，2005）③，因此，中国过早地出现了资本深化，结果只能是降低整体的经济效率，透支经济增长的潜力。④ 但就本部分讨论的主题而言，资本深化的影响不仅局限于经济增长与就业，还对中国工业污染物的排放产生重要影响。因为资本深化的一个直接后果就是重化工业化，重化工业是资本密集型的，具有较高的资本劳动比，通常也是排放密集型的，按照上文的说法即在工业污染物的排放方面具有较高的强度效应。针对中国的经验研究也表明，工业资本深化确实使得中国出现了重化工业化趋势⑤，同时工业污染物的排放也与粗放型增长方式中仍在持续的资本深化现象紧密相关。⑥

那么，中国工业的资本深化又是如何产生的？如果将工业资本深化按所有制类型划分，可以发现，中国工业资本深化主要来自国有工业部门资本深化的加剧。图 4－2 显示，1985 年以来，中国工业部门中集体经济以及其他所有制类型企业部门的资本深化程度一直显著低于国有企业部门的资本深化程度，部分年份国有企业部门的资本深化程度（如 2003 年）甚至达到了其他类型企业部门的 5 倍以上。

---

① 陈勇、唐朱昌：《中国工业的技术选择与技术进步：1985—2003》，《经济研究》2006 年第 9 期。

② 张军：《增长、资本形成与技术选择：解释中国经济增长下降的长期因素》，《经济学（季刊）》2002 年第 1 期。

③ 姚战琪、夏杰长：《资本深化、技术进步对中国就业效应的经验分析》，《世界经济》2005 年第 1 期。

④ 事实上，这是以吴敬琏为代表的一些学者的观点，他们认为“过早的资本深化”不利于中国的经济增长；而以厉以宁为代表的另一派学者则认为，资本深化与重工业化是工业化的必然阶段，中国作为发展中国家，必须建立坚实的工业基础和自己独立的工业体系，否则就会受制于人。

⑤ 如蔡昉（2005）通过对 1999—2003 年间重工业相对于轻工业的领先系数的计算，发现中国确实出现了重化工业化趋势。

⑥ 如陈诗一（2010）证实了中国二氧化碳排放的显著增加与资本深化存在密切关联。

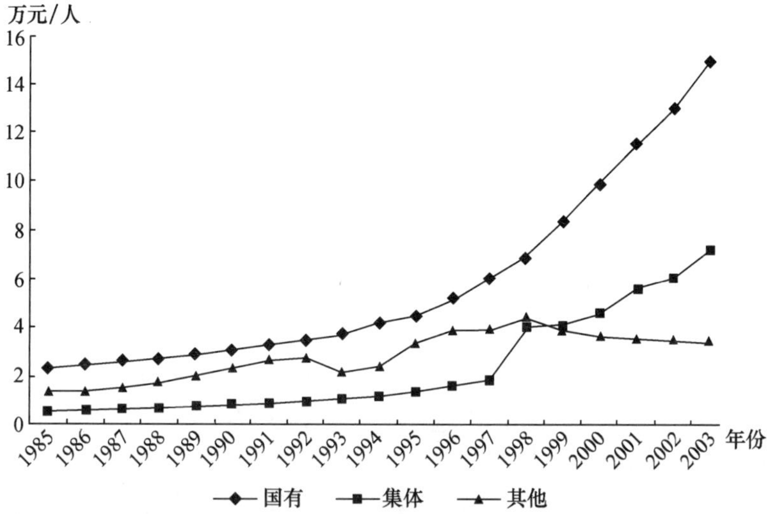

图 4－2　中国不同所有制类型工业部门资本深化程度的比较

资料来源：陈勇：《劳动力剩余条件下的资本深化——基于中国 1985—2003 年的经验研究》，博士学位论文，复旦大学，2007 年，第 46—47 页。

而国有工业部门的资本深化，又与中国缺乏一个有效率的投资体制和银行业市场结构紧密相关。长期以来，中国直接融资体系并不发达，大量的投资资金主要来自银行体系，而银行体系也一直是国有银行占据主体地位。在中国特定的体制背景下，地方政府、国有金融机构与国有工业企业之间存在广泛的非经济关联，国有银行的公有制属性以及地方政府的干预，使得大量的信贷资金流向国有工业部门而不是非国有工业部门。银行信贷资金大量流向国有工业部门，必然会通过资本形成过程加剧国有工业部门的资本深化，从而使得整体工业部门的资本深化程度不断提升。因此，在中国既定的制度背景下，银行业中国有银行的主体地位对工业资本深化的加速具有极为重要的影响。而国有银行的主体地位实际上代表着银行业中存在着较高的市场集中度（银行业集中度用四大国有银行所占市场份额来表示），也就是说，较高的银行业集中度是中国工业资本深化加速的重要原因。事实上，银行业市场结构与中国工业资本深化之间的紧密关系，还可以从中国区域层面的工业资本深化与银行市场结构得到初步的验证，如

图4－3所示，将中国分成东部、中部、西部三大区域，工业资本深化程度（用资本劳动比来度量资本深化程度）最高的区域不是经济发展水平最高的东部地区，相反却是银行业集中度最高的西部地区（前文第三章中指出，西部地区的银行业集中度最高）。

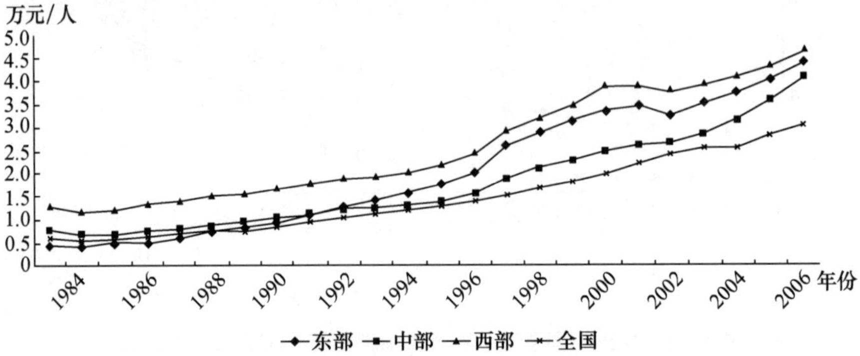

图4－3　中国各区域工业资本深化程度比较

资料来源：朱轶、吴超林：《中国工业资本深化的区域特征与就业效应——兼论分权体制下资本深化态势的应对》，《南开经济研究》2010年第5期。

由此可见，银行业市场结构通过影响工业资本深化，进而对中国工业污染物排放产生重要影响。具体而言，较高的银行业集中度加速了工业资本深化，提高了工业污染物排放的强度效应，进而促进了中国工业污染物排放强度的提高。

2. 银行业市场结构、生产率与工业污染物排放

除了对工业资本深化的影响外，既有研究表明，银行业市场结构还能通过影响生产率进而对工业污染物排放的强度效应产生影响。这一影响机制首先和“金融发展与生产率”有关。“金融与增长”的相关文献普遍认为金融发展对经济增长的影响，一是来自金融发展能使储蓄更容易转化为投资，产生流动性效果（Merton and Bodie，1995）；二是金融发展能使金融机构发挥信息优势，有助于提高资本的边际生产率，进而产生增进效率的作用，即有利于生产率的提高（King and Levine，1993；Beck，Levine and Loayza，2000）。对于正在经历金融

自由化和经济转型的中国来说，金融发展在很大程度上应当被理解为国有银行的商业化，并且间接地与银行贷款在国有企业和其他所有制企业间配置比例的变化相关（张军、金煜，2005）。[①] 如果只是用全部银行信贷与 GDP 的比值来衡量“金融发展”，中国的金融发展与经济增长之间的正面关系并不显著；但如果将全部银行信贷分解为国有部门和非国有部门所获得的银行信贷，并用非国有部门所获得的银行信贷来表征“金融发展”，那么金融发展就不仅对经济增长，而且对生产率具有显著为正的影响（张军，2006）。[②] 非国有部门所获得的银行信贷对生产率具有重要的促进作用，而由前文的分析可知，银行业中较高的市场集中度对非国有部门获得的银行信贷产生着不利影响。因此，可以这样说，银行业中较高的市场集中度是不利于生产率提高的。而较低的生产率意味着生产过程中对生产要素的大量投入特别是对资本投入的高度依赖，此时工业部门的增长即为资本驱动的粗放式增长。依靠大量资本投入的粗放式增长，必然使工业生产过程中工业污染物排放具有较高的强度效应即较高的污染物排放强度。

当然，除了上述分析，银行业市场结构还可以通过技术创新影响生产率进而对工业污染物排放产生影响。从本章第二节的分析可知，银行业市场结构影响着中国工业产业技术创新，而技术创新是生产率的重要源泉。因此，综合来看，银行业市场结构会对生产率产生重要影响，进而影响中国工业污染物排放。具体而言，较高的银行业集中度限制了生产率的提高，进而不利于中国工业污染物排放强度的降低。

3. 银行业市场结构、资本配置效率与工业污染物排放

上文指出，银行业市场结构通过影响生产率进而对中国工业污染物排放强度产生重要影响。事实上，银行业市场结构不仅能影响工业生产整体的生产率，还会影响生产过程中资本要素在具有不同生产率部门之间的流动，进而对中国工业污染物排放的产业结构效应产生

---

① 张军、金煜：《中国的金融深化和生产率关系的再检测：1987—2001》，《经济研究》2005 年第 11 期。

② 张军：《中国的信贷增长为什么对经济增长影响不显著》，《学术月刊》2006 年第 7 期。

影响。

在具有不同生产率部门之间的流动，可以用“资本配置效率”这一概念来体现。而对于资本配置效率，现有研究一般用式（4－12）的模型进行衡量（Wurgler，2000）[①]：

$$\ln \frac{I_{i,t}}{I_{i,t-1}} = \alpha + \eta \ln \frac{V_{i,t}}{V_{i,t-1}} + \varepsilon_{i,t} \tag{4-12}$$

其中，V 和 I 分别为工业增加值和固定资产投资额，i 和 t 分别为行业代码和时间。η 即为衡量资本配置效率的系数，它反映了资本增长率对于产出（工业增加值）增长率的敏感性。如果 $\eta>0$，说明资本流向生产率较高的行业，资本配置效率改善，反之则相反。

式（4－12）的核心思想在于：资本配置效率的提高意味着在上升行业增加投资，而在衰退行业则及时减少投资，或者说，资本由生产率低的行业向生产率高的行业的流动提高了资本配置效率。由于生产率高的行业往往意味着其污染密集度低，资本由生产率低的行业向生产率高的行业的流动，实际上也意味着生产活动由污染密集度高的行业向污染密集度低的行业转移。因此，资本配置效率的提高有利于降低污染密集度高的行业的比重，进而有利于减少整体的工业污染物排放强度。现有的实证研究也表明，生产要素向更高效率的低能耗、低排放行业的重新配置确实对工业污染物排放的降低有着促进作用，节能降耗方面的“结构红利”是存在的[②]。

既然资本配置效率的提高有利于降低工业污染物的排放，那么对于中国而言，资本配置效率又和哪些因素有关？本书关注的重点为银行业市场结构。对于中国而言，非国有银行金融机构的信贷与投资行为对资本配置效率的提升有着较大的促进作用，而国有银行的信贷行为和较高的银行国有产权比重则抑制了资本配置效率的提高（潘文

---

① Wurgler J.，Financial Markets and the Allocation of Capital，*Journal of Financial Economics*，No. 58，2000，pp. 187－214.

② 陈诗一：《中国碳排放强度的波动下降模式及经济解释》，《世界经济》2011 年第 4 期。

卿、张伟，2003；米运生、程昆，2007）。[①②] 已有研究也表明，近年来非国有部门信贷比重的提高显著改善了地区工业的资本配置效率（李青原等，2010）。[③] 很明显，国有银行信贷不利于资本配置效率的提高，而银行信贷中较高的国有银行信贷比重又与中国银行业中国有银行高度垄断的市场格局是分不开的。

因此，银行业市场结构影响着资本配置效率即资本要素在具有不同生产率部门之间的流动，进而对中国工业污染物排放产生重要影响。具体而言，较高的银行业集中度不利于资本配置效率的提高即不利于资本从生产率低的行业向生产率高的行业之间的流动，进而限制中国工业污染物排放强度的降低。

综合前面的分析，可以得出，银行业市场结构通过影响工业资本深化、生产率和资本配置效率，进而对中国工业污染物的排放产生重要影响。[④] 其中，银行业市场结构通过影响工业资本深化和生产率从而影响着工业污染物排放的强度效应，通过资本配置效率则影响着工业污染物排放的产业结构效应。具体来说，较高的银行业集中度（即银行业中较高的国有银行比重）使银行信贷资金大量流向了国有工业部门，一方面加剧了国有工业部门的资本深化，从而使得整体工业部门的资本深化程度不断提升，另一方面也限制了工业部门整体生产率的提高和资本从生产率低的行业向生产率高的行业之间的流动。而这都不利于中国工业污染物排放强度的降低。

为此，本书提出如下可检验的假说：

较高的银行业集中度不利于工业污染物排放强度的降低进而不利于工业减排，即银行业市场结构对工业污染物排放强度产生正向影响。

---

① 潘文卿、张伟：《中国资本配置效率与金融发展相关性研究》，《管理世界》2003 年第 8 期。

② 米运生、程昆：《信贷资本配置效率与产权结构——基于中国商业银行的实证分析》，《金融论坛》2007 年第 5 期。

③ 李青原、赵奇伟、李江冰、江春：《外商直接投资、金融发展与地区资本配置效率——来自省级工业行业数据的证据》，《金融研究》2010 年第 3 期。

④ 当然，工业资本深化、生产率和资本配置效率三者之间可能也是相互影响的，但这并不影响本书的结论。

本章小结

本章从工业产业增长、技术创新和工业污染物排放三个方面，分析了银行业市场结构对中国工业发展的理论机理。

局部均衡理论和一般均衡理论在分析关于银行业市场结构对经济增长的影响时，强调垄断的银行业市场结构和竞争的银行业市场结构各有优劣，但局部均衡理论和一般均衡理论却忽视了一个国家或地区的银行业市场结构所处的经济结构的影响。

虽然自改革开放以来，中国经济发展水平不断提高，但从规模结构来看，中国经济仍然是中小企业占据主体地位；从所有制形式来看，经济中最具活力的企业又是非国有企业。但长期以来，中国银行业市场结构却一直是国有银行占据着主导地位，以至银行信贷资金集中流向了国有工业部门。本章的理论分析表明，与经济结构不匹配的银行业市场结构（即较高的银行业集中度），不利于中国工业整体的产业增长；同时，国有银行垄断还限制了非国有银行的资金供给，损害了产业中企业技术创新所需研发资金的获取，进而对工业技术创新产生不利影响。此外，较高的银行业集中度不仅加剧了国有工业部门的资本深化，从而使得整体工业部门的资本深化程度不断提升，还限制了工业部门整体生产率的提高和资本从生产率低的行业向生产率高的行业之间的流动，进而不利于中国工业污染物排放强度的降低。

第五章　银行业市场结构对工业产业增长影响的实证分析

从本章开始，本书将从实证的角度分析银行业市场结构对中国工业发展的影响。在现状分析部分，本书发现，产业增长和新企业形成最快的地区基本上也是银行业集中度较低的地区。在以上描述性分析的基础上，本章将进一步实证分析银行业市场结构与中国工业产业增长之间的关系。如前文文献综述所述，国外已有不少研究分析了银行业市场结构对产业增长的影响，而国内分析银行业市场结构对产业增长的研究则不多。由于国外研究主要以发达国家为研究对象，并使用跨国数据（或美国国内数据）进行研究，中国作为全球最大的发展中国家和转型经济体，以中国为研究对象来考察银行业市场结构对产业增长的影响很有意义。而国内现有研究在进行实证分析时，一般的做法是运用全国层面的行业数据，分析中国整体的银行业市场结构演变对产业增长的影响。但这样处理，一个基本的假定是各个产业在同一时期面临相同的银行业市场结构，却没有考虑到不同地区各产业所面临的银行业市场结构的不同。因此，本章将运用中国 26 个省（市、区）20 个细分产业数据，进一步分析银行业市场结构对工业产业增长的影响。中国各个地区银行业市场结构的明显差异，为检验本章的结论提供了一个难得的机会。

与既有文献相比，本章的贡献有以下三点：一是运用包含了地区层面和具体细分产业层面的数据分析了银行业市场结构对产业增长的影响；二是考虑了产业之间的异质性，以对银行业市场结构与产业增长之间的关系进行进一步的检验；三是将产业增长进一步分解为新企业形成和企业规模增长，以更深刻地分析银行业市场结构对产业增长的影响机制。

第一节　计量模型

一　基本的计量模型

由于产业增长不仅与银行业市场结构有关，可能还与产业自身特征和产业所处地区的经济特征有关，如经济发展较快的地区产业本身增长可能也较快。因此，Cetrorelli 和 Gambera（2001）、Deidda 和 Fattouh（2005）等研究在运用跨国产业数据分析银行业市场结构对产业增长的影响时，解释变量中基本上都包含了以下变量：产业虚拟变量、国家（地区）控制变量、产业份额和银行业市场结构。产业虚拟变量用于控制具体的产业效应，国家（地区）控制变量则用于控制具体的国家（地区）特征，国家（地区）控制变量一般也包括期初的人均 GDP、期初的人力资本水平和银行业发展水平。借鉴 Cetrorelli 和 Gambera（2001）、Deidda 和 Fattouh（2005）等的做法，本章在实证分析银行业市场结构对产业增长的影响时，同样包含了上述几种类型的解释变量。①

因此，本章的基本计量模型设定如下：

$$Growth_{jk} = \beta_0 + \beta_1 Indummy_j + \beta_2 Regionctr_k + \beta_3 Share_{jk} + \beta_4 Dkch_k + \varepsilon_{jk} \quad (5-1)$$

其中，j 为行业，k 为地区，ε_{jk}为随机扰动项。

$Growth_{jk}$为第 k 个地区第 j 个产业的产业增长率，具体而言，产业增长率为各产业 1993—2005 年间的工业增加值的平均增长率。

Indummy 为产业虚拟变量，用于控制具体的产业效应。

Regionctr 为地区控制变量，用于控制影响产业增长的地区特征，主要包括各地区期初的人均 GDP（*Rjgdp*）和人力资本水平（*Rlzb*），其中人力资本水平用各地区人口平均受教育年限来表示；各地区银行业规模（*FD*），用各地区考察期间全部金融机构贷款余额占 GDP 比重

---

① 当然，同跨国研究不同，本章模型中，国家控制变量相应地转化为地区控制变量，以控制影响产业增长的地区特征。

的平均值表示，其用于反映各地区银行业发展水平。银行业规模是大多数增长回归中经常使用的变量，在模型中加入银行业规模变量，一是尽可能地减少由于重要变量遗漏所导致的模型误设，二是考虑存在银行业规模变量时观察银行业市场结构对产业增长影响的显著性。

Share 为产业份额，即期初各地区具体某个产业的工业增加值占地区总工业增加值的比重，其作用类似于标准增长回归中的人均 GDP，用于考察产业之间是否存在收敛效应，即过去增长较快的产业是否仍能保持较快的速度增长。

Dkch 为银行业市场结构，用银行业集中度即各地区考察期间四大国有银行贷款余额占全部金融机构贷款余额的比重的平均值来表示。其系数 β_4 用于考察银行业市场结构的产业增长效应，系数 β_4 若大于 0，则意味着银行业集中度的提高（降低）有利于（不利于）产业增长，研究结论与局部均衡理论的观点一致；反之，则意味着银行业集中度的提高（降低）不利于（有利于）产业增长，研究结论与一般均衡理论的观点一致。

二　扩展模型

式（5－1）能使我们发现银行业市场结构对整体产业的产业增长效应，这种效应对所有产业来说都是相同的。但是，这样的处理方法却没有考虑到银行业市场结构对不同产业的产业增长效应的差异。正如 Rajan 和 Zingales（1998）所指出的，由于技术等方面的原因，不同产业对外部资金的依赖程度不一样，金融中介对不同产业的影响也不一样。既有的研究也发现，银行业市场结构对外部资金依赖度较高的产业影响较大，因此，为了验证银行业市场结构对产业增长的影响，有必要考虑产业之间的异质性。参考 Rajan 和 Zingales（1998）、Cetrorelli 和 Gambera（2001）的做法，我们在式（5－1）的基础上加入反映产业特征的外部融资依赖度与银行业市场结构的交互项，这样式（5－1）则进一步扩展为：

$$Growth_{jk} = \beta_0 + \beta_1 Indummy_j + \beta_2 Regionctr_k + \beta_3 Share_{jk} + \beta_4 Dkch_k + \beta_5 Dep\ \beta Dkch_k + \beta_6 Dep\ \beta Fd_k + \varepsilon_{jk} \quad (5-2)$$

其中，*Dep* 为产业的外部融资依赖度，反映了不同产业对外部资金的依赖程度。当然，模型中还控制了外部融资依赖度与银行业规模的交互项，其他变量的含义则均与式（5－1）中变量含义相同。

通过式（5－2），我们可以检测到在高银行业集中度的地区，外部融资依赖度较高的产业是增长得更快还是更慢。如果外部融资依赖度与银行业市场结构的交互项的系数 β_5 显著为负，则说明具有较高外部融资依赖度的产业在低银行业集中度的地区增长得更快，反之亦然。

三　对产业增长进行分解的模型

Rajan 和 Zingales（1998）、Beck 和 Levine（2002）在分析金融发展、金融结构对产业增长的影响时，均将产业增长分解为新企业的形成和企业规模的增长，以判断出金融发展、金融结构对产业增长的影响到底是来自新企业形成还是来自企业规模增长。同样，为了更深入地考察银行业市场结构对产业增长的影响机制，本章还进一步将各产业的产业增长分解为新企业的形成和企业规模的增长。遵循 Rajan 和 Zingales（1998）、Beck 和 Levine（2002）的做法，新企业的形成定义为各行业期末与期初企业数量的增长率，具体为期末与期初企业数量的对数差；企业规模增长定义为期末与期初企业规模的增长率，具体为期末与期初企业规模的对数差，其中，企业规模用各产业的工业增加值除以企业数量来表示。

这样，式（5－1）又可转化为式（5－3）和式（5－4）：

$$Newgro_{jk} = \beta_0 + \beta_1 Indummy_j + \beta_2 Regionctr_k + \beta_3 Share_{jk} + \beta_4 Dkch_k + \varepsilon_{jk} \quad (5-3)$$

$$Sizgro_{jk} = \beta_0 + \beta_1 Indummy_j + \beta_2 Regionctr_k + \beta_3 Share_{jk} + \beta_4 Dkch_k + \varepsilon_{jk} \quad (5-4)$$

其中，*Newgro* 表示新企业形成，*Sizgro* 表示企业规模增长，其他变量的含义与式（5－1）类同。

第二节　数据来源与描述性统计

本章原始数据中各地区各产业 1993—2005 年间的工业增加值、

企业数量数据来自各年《中国工业经济统计年鉴》，其中工业增加值数据用各地区各年的 GDP 平减指数将名义值折算为 1991 年的实际值。[①] 人均 GDP 数据来自《中国统计年鉴 1994》，其同样用 GDP 平减指数将名义值折算为 1991 年不变价，并进行了对数化处理。[②] 人力资本数据来自陈钊和陆铭等（2004）一文。银行业市场结构与银行业规模的原始数据来自各年《中国金融年鉴》，其中银行业市场结构为各地区 1993—2004 年间的平均银行业集中度，银行业规模为各地区 1993—2004 年间全部金融机构贷款余额与 GDP 比值的平均值。

而对于产业的外部融资依赖度，Rajan 和 Zingales（1998）一文中，用产业的资本支出减去经营中产生的现金流之差与资本支出的比值来表示。大量的文献引用了 Rajan 和 Zingales（1998）的外部融资依赖度数据，以分析金融中介对外部融资依赖度不同的产业的影响，如国外研究中有 Cetrorelli 和 Gambera（2001）、Deidda 和 Fattouh（2005）、Beck 和 Levine（2002）等，国内研究中有邵平、秦龙和孔爱国（2007）等。参考 Rajan 和 Zingales（1998）的外部融资依赖度数据，并根据中国的产业统计分类，本章中各个产业的外部融资依赖度数据如表 5－1 所示。各个产业中，烟草制品业、有色金属冶炼及压延加工业的外部融资依赖度最低，医药制造业、仪器仪表文化办公用机械制造业的外部融资依赖度最高。

表 5－1　　各个产业的外部融资依赖度

行业	外部融资依赖度
农副食品加工业	0.14
食品制造业	0.14
饮料制造业	0.08

① 由于《中国统计年鉴》只统计了从 1997 年开始的各地区工业品出厂价格指数，因此本书没有用各地区工业品出厂价格指数进行平减而是用 GDP 指数进行平减。

② 由于人均 GDP 数值较大，进行对数化处理的目的仅在于分析的方便。同样，Cetrorelli 和 Gambera（2001）等研究中也将人均 GDP 进行了对数化处理。

续表

行业	外部融资依赖度
烟草制品业	-0.45
纺织业	0.4
纺织服装鞋帽制造业	0.03
造纸及纸制品业	0.15
石油加工及炼焦业	0.06
化学原料及化学制品制造业	0.16
医药制造业	1.49
非金属矿物制品业	0.04
黑色金属冶炼及压延加工业	0.09
有色金属冶炼及压延加工业	0.01
金属制品业	0.24
通用设备制造业	0.45
专用设备制造业	0.96
交通运输设备制造业	0.31
电气机械及器材制造业	0.77
通信计算机及其他电子设备制造业	1.04
仪器仪表文化办公用机械制造业	1.06

由于《中国工业经济统计年鉴》中各地区细分行业的工业统计数据 1993 年之前使用的是净产值，1993 年之后使用的是工业增加值，统计口径并不一致。同时《中国金融年鉴》基本上自 2005 年后，不再按行政区域来统计四大国有银行在各个省（市）的存贷款数据。因此，工业增加值、企业数量等数据以及产业增长（新企业形成、企业规模增长）数据采用的时间段为 1993—2005 年，银行业市场结构、银行业规模数据采用的时间段为 1993—2004 年。[①]

① 由于产业增长（新企业形成、企业规模增长）、银行业市场结构和银行业规模采用的是考察期间的平均值，因此它们的考察时间段不完全一样并不影响本书的分析结果。同时正如 Cetrorelli 和 Gambera（2001）所指出的，银行业市场结构和银行业规模比产业增长（新企业形成、企业规模增长）的考察时期滞后，更有利于降低银行业市场结构和银行业规模变量的内生性。

此外，由于海南、西藏、青海、内蒙古四省区的产业数据缺失值较多，分析中将这四个省区从样本中予以剔除，同时由于重庆市1997年才成立，本章将重庆市的数据合并到四川省中，这样研究过程中涉及的地区为全国26个省（市、区）。

分析中各地区的产业主要包括农副食品加工业、食品制造业、饮料制造业、烟草制品业、纺织业、纺织服装鞋帽制造业、造纸及纸制品业、石油加工及炼焦业、化学原料及化学制品制造业、医药制造业、非金属矿物制品业、黑色金属冶炼及压延加工业、有色金属冶炼及压延加工业、金属制品业、通用设备制造业、专用设备制造业、交通运输设备制造业、电气机械及器材制造业、通信计算机及其他电子设备制造业、仪器仪表文化办公用机械制造业共20个产业。

综上所述，本章分析的数据包含了1993—2005年间共26个省（市、区）20个产业。变量的具体定义和描述性统计如表5－2和表5－3所示。

表5－2　　变量定义

变量	符号	定义
产业增长率	*Growth*	各地区各产业1993—2005年间实际工业增加值的平均增长率
新企业形成	*Newgro*	各地区各产业1993—2005年间企业数量平均增长率
企业规模增长	*Sizgro*	各地区各产业1993—2005年间企业规模平均增长率
银行业市场结构	*Dkch*	1993—2004年间各地区四大国有银行贷款余额占全部金融机构贷款余额的比重的平均值
银行业规模	*FD*	1993—2004年间各地区全部金融机构贷款余额占GDP比重的平均值
产业份额	*Share*	1993年各地区各产业工业增加值占地区总工业增加值的比重
期初人均GDP	*Rjgdp*	1993年各地区的人均国内生产总值
期初人力资本水平	*Rlzb*	1993年各地区的人口平均受教育年限
存贷比	*Dcb*	1993年各地区的存贷比
外部融资依赖度	*Dep*	各产业对外部融资的依赖程度

表 5-3　　变量描述性统计

变量	均值	标准差	最小值	最大值
Growth	0.122	0.085	-0.300	0.565
Newgro	-0.736	0.916	-4.167	2.140
Sizgro	2.077	0.784	-3.093	5.309
Dkch	0.621	0.070	0.490	0.771
FD	1.223	0.577	0.749	3.751
Share	0.050	0.048	0.000	0.538
Rjgdp	3.089	0.502	2.341	4.398
Rlzb	6.451	0.962	4.608	9.018
Dcb	1.152	0.208	0.821	1.753
Dep	0.359	0.458	-0.450	1.490

第三节　回归估计与讨论

一　基本模型的回归结果

首先应用 OLS 方法对式（5-1）进行估计，基本的回归结果如表 5-4 所示。其中，列（1）、列（2）中分别加入了银行业市场结构与银行业规模；而列（3）则将二者同时加入模型，以观察在加入银行业规模后，银行业市场结构对产业增长影响的显著性是否发生变化。

表 5-4 的估计结果显示，列（1）中银行业集中度的系数显著为负，在加入银行业规模变量后，列（3）中银行业集中度系数虽然变小，但却仍然显著，显示出银行业集中度对产业增长具有稳定的显著为负的影响。研究结果证实了前文的理论分析，对于中国而言，银行业集中度的提高（降低）不利于（有利于）产业增长，这与一般均衡理论的观点是一致的。表 5-4 还显示，银行业规模也对产业增长具有显著为负而不是正向的影响，现有文献用国有银行的产权性质来解释银行业规模对经济的负面影响，即由于中国银行业中国有银行业占据了较大的份额，而国有银行又有所谓的“所有制歧视”进而导致

了在实证分析中银行业规模往往产生负向的影响。

从表5-4还可以看出，产业份额变量符号为负，但并不显著。而各地区期初人均GDP的符号显著为正，期初人力资本水平显著为负，反映出不同经济发展程度地区的产业增长并不存在收敛效应，而人力资本的影响则存在收敛效应。也就是说，最初经济发展水平较高的地区产业增长也较快，而各地区人力资本对产业增长的影响效应则趋于相同。

表5-4　银行业市场结构对产业增长的影响（基本模型回归结果）

	(1)	(2)	(3)
常数C	0.222***	0.033	0.140***
	(0.035)	(0.030)	(0.048)
Share	-0.029	-0.028	-0.028
	(0.072)	(0.072)	(0.071)
Rjgdp	0.038***	0.057***	0.048***
	(0.011)	(0.011)	(0.011)
Rlzb	-0.017***	-0.011*	-0.012*
	(0.006)	(0.007)	(0.007)
Dkch	-0.204***		-0.130**
	(0.048)		(0.055)
FD		-0.033***	-0.021**
		(0.007)	(0.008)
观测值			
R^2	0.273	0.274	0.282
F值	8.940	9.450	9.330

注：括号内数值为稳健标准误；***、**和*分别表示1%、5%和10%的显著性水平；回归时表中各列都包含了产业虚拟变量，表中没有报告其结果。

二　扩展模型的回归结果

由于不同产业对外部融资的依赖程度不一样，银行业市场结构对产业增长的影响也存在差异。因此，为了进一步验证银行业市场结构对产业增长的影响，有必要考虑产业之间的异质性，扩展模型的回归结果如表 5－5 所示。

表 5－5 银行业市场结构对产业增长的影响（扩展模型回归结果）

	(4)	(5)	(6)	(7)
常数 C	0.088***	0.228***	0.091***	0.102***
	(0.025)	(0.039)	(0.027)	(0.031)
Share	−0.025	−0.030	−0.027	−0.048
	(0.073)	(0.072)	(0.075)	(0.077)
Rjgdp	0.038***	0.037***	0.037***	0.043***
	(0.011)	(0.011)	(0.011)	(0.011)
Rlzb	−0.017***	−0.017***	−0.017***	−0.018***
	(0.006)	(0.006)	(0.007)	(0.007)
Dkch	−0.216***	−0.209***	−0.217***	
	(0.060)	(0.049)	(0.059)	
Dep β Dkch	0.034		0.027	−0.194**
	(0.098)		(0.108)	(0.091)
Dep β FD		0.004	0.003	0.001
		(0.009)	(0.010)	(0.010)
观测值				
R^2	0.274	0.274	0.274	0.254
F 值	8.640	8.540	8.270	7.200

注：括号内数值为稳健标准误；***、** 和 * 分别表示 1%、5% 和 10% 的显著性水平；回归时表中各列都包含了产业虚拟变量，表中没有报告其结果。

由表 5－5 中列（4）至列（6）的估计结果可以看出，银行业市场结构的系数和前文一样显著为负，而银行业市场结构与外部融资依赖度的交互项则并不显著。由于模型中同时加入了银行业市场结构、银行业市场结构与外部融资依赖度的交互项，模型可能存在一定的多重共线性，同时此处关注的焦点为银行业市场结构与外部融资依赖度的交互项的系数，因此，回归分析时将银行业市场结构变量予以剔除，回归结果如列（7）所示。从列（7）估计结果可知，外部融资依赖度与银行业市场结构的交互项的系数显著为负，说明外部融资依赖度较高的产业在银行业集中度更低的地区增长得更快，这进一步支持了前文“较高的银行业集中度不利于产业增长”的结论。而表5－5也显示，外部融资依赖度与银行业规模的交互项的系数不显著，说明代表银行业发展程度的银行业规模对具有较高外部融资依赖度的产业增长并没有显著的影响。

表5－5中各列还显示，考虑各个产业的外部融资依赖程度后，产业份额的系数并不显著，期初人均GDP的系数显著为正，期初人力资本水平的系数显著为负。这些变量的系数符号和显著性同表5－4中估计结果完全相同，反映出产业份额、期初人均GDP、期初人力资本水平对产业增长均具有稳定的显著影响。

三　对产业增长进行分解的回归结果

为了进一步探讨银行业市场结构对产业增长的影响机制，本书将产业增长进一步分解为新企业形成和企业规模增长两个部分。以新企业形成为因变量的回归结果如表5－6所示，以企业规模增长为因变量的回归结果如表5－7所示。

从表5－6可以看出，银行业集中度对产业中新企业的形成具有显著的负向影响，即银行业集中的提高会对新企业的形成产生阻碍作用，而银行业中股份制商业银行、城市商业银行等中小银行的市场份额的提高则有利于产业中新企业的形成。

表5－6中列（9）显示，银行业规模的系数符号为正，但不显著，而列（10）中符号为正且十分显著。列（9）中银行业规模符号不显著可能是由于遗漏了银行业市场结构变量所致。因此，列（10）更能反映出银行业规模对新企业形成的影响，这说明银行业规模所代表的银行业发展程度对新企业的形成具有正向影响，银行业规模越大，越有利于新企业的形成。

表5－6的估计结果还显示，产业份额的符号显著为正，说明在新企业的形成方面，产业之间并不存在收敛效应，相反，产业份额较

大的产业的新企业形成速度更快。表5-6的估计结果也反映出，各地区期初的人均GDP对新企业的形成具有显著的正向影响，而期初的人力资本水平具有显著的负向影响。

表5-6　　银行业市场结构对新企业形成的影响

	(8)	(9)	(10)
常数C	-1.888*** (0.315)	-2.540*** (0.247)	-1.192*** (0.430)
Share	1.700** (0.721)	1.695** (0.759)	1.694** (0.730)
Rjgdp	1.133*** (0.091)	1.160*** (0.090)	1.045*** (0.096)
Rlzb	-0.362*** (0.052)	-0.383*** (0.058)	-0.399*** (0.056)
Dkch	-0.998** (0.399)		-1.629*** (0.473)
FD		0.038 (0.059)	0.182*** (0.069)
观测值			
R^2	0.560	0.555	0.566
F值	30.880	31.580	30.700

注：括号内数值为稳健标准误；***、**和*分别表示1%、5%和10%的显著性水平；回归时表中各列都包含了产业虚拟变量，表中没有报告其结果。

表5-7为以企业规模增长为因变量的回归结果。从中可以看出，银行业规模对企业规模增长具有显著为负的影响，说明银行业规模的扩张反而不利于产业中整体企业的规模增长，同上文一样，这可能是由于中国银行业中国有银行占据较大比重，而国有银行更有利于国有企业而不是产业中的整体企业，因此使得银行业规模反而不利于整体企业的规模增长。

同时，表5-7中列（11）显示，银行业集中度对企业规模增长具有显著为负的影响，但在列（13）中加入银行业规模变量后，却不再显著。

从表5－7的估计结果还可以看出，产业份额的符号显著为负，说明在企业规模增长方面，不同的产业具有收敛效应；同时各地区期初的人均GDP的符号也显著为负，反映出经济发展水平不同的地区，产业中企业规模增长也存在收敛效应。而各地区期初的人力资本水平对企业规模增长具有显著的正向影响，说明人力资本水平越高，越有利于企业规模的增长。

表5－7　　　　银行业市场结构对企业规模增长的影响

	(11)	(12)	(13)
常数C	4.358***	2.848***	2.786***
	(0.329)	(0.228)	(0.441)
Share	−1.827***	−1.815***	−1.815***
	(0.641)	(0.645)	(0.645)
Rjgdp	−0.738***	−0.545***	−0.539***
	(0.089)	(0.092)	(0.090)
Rlzb	0.199***	0.280***	0.280***
	(0.048)	(0.050)	(0.007)
Dkch	−1.351***		0.075
	(0.392)		(0.474)
FD		−0.406***	−0.412***
		(0.059)	(0.074)
观测值			
R^2	0.319	0.356	0.356
F值	14.620	16.950	16.210

注：括号内数值为稳健标准误；＊＊＊、＊＊和＊分别表示1%、5%和10%的显著性水平；回归时表中各列都包含了产业虚拟变量，表中没有报告其结果。

为进一步观察各影响因素对产业增长的作用机制，笔者还将表5－4、表5－6、表5－7综合起来进行比较，如表5－8所示。

从表5－8可以看出，在控制住其他所有变量后，银行业集中度对产业增长和新企业的形成都具有显著的负向影响，但对企业规模增长的影响却并不显著，这说明银行业市场结构主要是通过影响产业中新企业的形成而不是企业规模增长来影响产业增长。

同时，银行业规模之所以对产业增长具有显著为负的影响，原因在于其对企业规模的负向影响要大于其对新企业形成的正向影响（由表5－7和表5－6可知，银行业规模的系数分别为－0.412和0.182）。

而各地区期初的人均GDP之所以对产业增长存在显著为正的影响，原因在于其对新企业形成的正向影响要大于其对企业规模增长的负向影响（由表5－6和表5－7可知，期初人均GDP的系数分别为1.045和－0.539）。

此外，各地区期初的人力资本水平对新企业形成的负向影响要大于其对企业规模增长的正向影响（由表5－6和表5－7可知，人力资本水平的系数分别为－0.399和0.280），因此，期初的人力资本水平对产业增长具有显著为负的影响。

而最初的产业份额对产业增长的影响不显著，有可能是其存在对新企业形成和企业规模增长具有相反方向的影响所致。

表5－8　回归结果比较

常数C	因变量为产业增长率	因变量为新企业形成	因变量为企业规模增长
Share	不显著	显著为正	显著为负
Rjgdp	显著为正	显著为正	显著为负
Rlzb	显著为负	显著为负	显著为正
Dkch	显著为负	显著为负	不显著
FD	显著为负	显著为正	显著为负

本章小结

本章利用中国1993—2005年间26个省（市、区）20个产业数据，分析了银行业市场结构对产业增长的影响。研究发现，银行业集中度对整体产业的产业增长具有显著的负向效应，银行业集中度的提高不利于整体产业的增长，换句话说，除四大国有银行之外的其他银行市场份额的提高有利于产业增长。在考虑了产业的异质性之后，银行业集中度对外部融资依赖度较高的产业仍然存在显著为负的影响。研究结果均表明，银行业集中度对中国工业产业增长具有显著的负向影响，这与一般均衡理论的观点是一致的。鉴于中国工业在中国整体经济中的重要地位，基于本章结论，降低银行业集中度，提高四大国有商业银行之外的其他中小银行的市场份额对促进中国工业产业增长和中国经济增长具有极为重要的现实意义。

本章还将产业增长分解为新企业形成和企业规模增长，实证结果显示，银行业市场结构对产业增长的影响来自新企业形成而不是企业规模增长，银行业集中度对新企业形成具有显著为负的影响，但对企业规模增长的影响则不显著。按照熊彼特创造性毁灭的观点，新企业形成对技术创新具有重要影响。从这个意义上来说，降低银行业集中度对新企业形成乃至对技术创新都具有十分积极的作用。而关于银行业集中度与技术创新之间的关系，下一章将进行进一步的研究。

第六章　银行业市场结构对工业技术创新影响的实证分析

近年来，中国工业的技术创新能力已成为大众和理论研究者普遍关注的重要议题。中国政府也明确提出要把增强自主创新能力作为科学技术发展的战略基点和调整产业结构、转变经济增长方式的中心环节。技术创新能力不强，不仅制约着中国工业产业结构的调整优化，也制约着中国经济的长远发展。因此，寻找影响中国工业技术创新的作用因素，并提出相应的治理对策，具有极为重要的现实意义。金融服务论者认为金融影响经济增长不仅在于其能影响资本积累，更在于其能影响技术创新。那么，作为反映中国金融特征的重要变量——银行业市场结构是否对工业的技术创新产生影响呢？在第三章中，我们通过对银行业市场结构与工业技术创新的现状分析，发现银行业集中度较低的东部省份的工业技术创新水平较高，而银行业集中度较高的西部省份的工业技术创新水平则较低。在第四章中，我们也从理论的角度分析了银行业市场结构对产业技术创新的影响。本章将在前述研究的基础上，利用省级工业面板数据进一步实证分析银行业市场结构对工业技术创新的影响。

长期以来，在对中国工业技术创新的研究上，学者们往往集中于中国工业产业自身，分析工业产业的企业规模（市场结构）和产权结构对技术创新的影响。① 而关于金融对技术创新影响的实证研究，也更多考虑的是一般意义上的金融支持（用金融机构贷款来度量）对中国各省市创新而不是对工业技术创新的影响。② 与既有的文献相比，

---

① 如周黎安和罗凯（2005）、吴延兵（2006；2008）、陈林和朱卫平（2011）等。

② 如叶子荣和贾宪洲（2011）等。

本章的贡献主要体现在两个方面：第一，本章首次分析了银行业市场结构对工业技术创新的影响；第二，应用系统广义矩估计方法，尽可能地考虑了现有关于金融对技术创新影响的研究中可能存在的联立内生性及遗漏解释变量所带来的估计偏误。

第一节　中国工业技术创新的影响因素

本节着重讨论中国工业技术创新的影响因素，为下文的实证工作提供基础。很多文献认为中国工业技术创新与工业产业的企业规模（市场结构）和产权结构有着直接的联系，同时一个地区工业产业所面临的外在环境也对技术创新产生重要影响。因此，在本节的理论分析中，我们将影响中国工业技术创新的因素分为三组：第一是本章最为关注的银行业市场结构因素以及代表地区银行业发展程度的银行业规模，第二是工业自身的企业规模和产权结构，第三是各地区工业所面临的外在环境因素。

由于第四章的理论分析部分已经对银行业市场结构对技术创新的影响进行了分析，这里就不再详细介绍，但一个基本的判断是：较高的银行业集中度是不利于工业产业的技术创新的。对此，后面的实证研究将加以验证。

对于反映银行业发展程度的银行业规模，大量的研究认为银行业发展对经济增长有着显著的正向影响（King and Levine，1993；Beck and Levine，2004）。但是，关于中国的实证研究却显示，银行业规模与经济增长的正向关系却难以成立，甚至具有显著的负向关系，这些研究将这种负向关系归结为国有银行在中国银行业中的主导地位和国有银行的所有制偏向（Boyreau - Debray，2003；Ljungwall and Li，2007）。[①][②] 虽然这些研究并不是直接考察银行业规模与技术创新之间

① Boyeau - Debray G.，Financial Intermediation and Growth：Chinese Style，World Bank Policy Research Working Paper，2003，No. 3027.

② Ljungwall C.，Li J.，Financial Sector Development，FDI，and Economic Growth in China，Peking University，2007，CCER Working Paper，No. E2007005.

的关系，但从其逻辑我们可以预期，银行业规模对技术创新不一定具有正向影响，反而可能具有负向影响。

除了银行业市场结构和银行业规模，工业的企业规模（市场结构）和产权结构也会影响其技术创新。按照熊彼特（Schumpeter，1950）企业规模促进创新的假说，只有大企业才可以负担得起研发项目费用，并承担得起研发创新失败所带来的损失；同时大企业可以从创新成果中攫取更多的消费者剩余，因而也更乐于把垄断租金投入到创新活动。由于大企业的存在实际上意味市场结构具有一定的垄断性质，因此企业规模与创新之间的关系等价于市场结构与创新之间的关系。但对于企业规模（市场结构）与创新之间的关系，实证研究结果却莫衷一是，如国内研究中支持熊彼特假说的文献有魏后凯（2002）、吴延兵（2007）等[①②]，不支持熊彼特假说的有周黎安和罗凯（2005）、吴延兵（2006）等。[③④] 因此，企业规模对中国工业技术创新的影响，有待于后文实证结果的检验。而对于转型经济体的中国而言，国有企业和非国有企业因产权性质的不同而具有不同的创新激励，因此产权结构也是产业技术创新的重要影响因素。但由于产权结构变量（用国有及国有控股工业企业总产值与产业总产值的比重来表示）与后文中的地区非国有化程度存在较强的相关性（相关系数达到0.762），因此在实证时舍弃掉了这一变量。

此外，各地区工业所面临的外在环境也会对技术创新产生重要影响，主要考虑以下几个因素：非国有化程度、经济开放和人力资本水平。

（1）非国有化程度。已有研究表明，明晰的产权制度是提高效率

---

① 魏后凯：《企业规模、产业集中与技术创新能力》，《经济管理》2002 年第 4 期。

② 吴延兵：《市场结构、产权结构与 R&D——中国制造业的实证分析》，《统计研究》2007 年第 5 期。

③ 周黎安、罗凯：《企业规模与创新：来自中国省级水平的经验证据》，《经济学（季刊）》2005 年第 3 期。

④ 吴延兵：《中国工业产业技术创新水平及影响因素——面板数据的实证分析》，《产业经济评论》2006 年第 5 期。

与激励创新的重要条件（*Zhang et al.*，*2003*；*Jefferson et al.*，*2006*）。[①②] 一般而言，非国有化程度越高，意味着行政干预越少、市场经济越活跃、产权界定越清晰，进而有利于企业行为的长期化、激励企业从事更多的创新活动。非国有化程度与上文中的工业的产权结构存在较多的重合性，但非国有化程度代表了地区工业产业所面临的外部制度环境，比工业的产权结构包含了更多的内涵。同时由于非国有化程度与产权结构存在着较大的相关性（本书中，二者的相关系数高达0.762），因此在计量模型中选取了非国有化程度变量而舍弃掉了工业的产权结构变量。预期非国有化程度越高，工业的技术创新水平也越高。

（2）经济开放。随着经济开放程度的提高，各种外商投资的进入门槛降低，进出口贸易越发达，企业更易引进、模仿和吸收国外先进技术，同时也面临国内外更激烈的竞争环境，这些都促使企业不断优化资源配置和改善经营管理，因而是有利于技术创新的。但同时，经济开放的竞争效应可能也会对国内企业产生挤占效应。大量的研究用外商直接投资（FDI）来表示经济开放，现有文献并未就FDI对技术创新的影响取得一致的结论，一些研究认为外商直接投资对技术创新有着显著为正的影响（吴延兵，2009）[③]，另一些研究则认为外商直接投资对技术创新的影响是不确定的，甚至是负的（姚洋、章奇，2001；潘文卿，2003）。[④⑤] 因此，经济开放对技术创新的影响，同样有待于后文进一步的检验。

（3）人力资本水平。一般而言，一个地区的人力资本水平越高，企业越有可能雇用到具有更高素质的员工，进而有利于增强吸收和利

---

① Zhang A.，Zhang Y.，Zhao R.，A Study of the R&D Efficiency and Productivity of Chinese Firms，*Journal of Comparative Economics*，Vol. 31，No. 3，2003，pp. 444－464.

② Jefferson G. H.，Bai H.，Guan X.，Yu X.，R&D Performance in China Industry，*Economics of Innovation and New Technology*，Vol. 15，No. 4－5，2006，pp. 345－366.

③ 吴延兵：《知识生产及其影响因素——基于中国地区工业的实证研究》，《世界经济文汇》2009年第2期。

④ 姚洋、章奇：《中国工业企业技术效率分析》，《经济研究》2001年第10期。

⑤ 潘文卿：《外商投资对中国工业部门的外溢效应：基于面板数据的分析》，《世界经济》2003年第6期。

用新技术的能力，有利于使企业接触到更广泛的技术前沿。因此，预期人力资本水平越高，工业的技术创新水平越高。

第二节　计量模型

根据本章第一节所提出的影响中国工业技术创新的主要因素，建立如下的面板数据计量模型，其中下标 i、t 分别表示省份代码和年份：

$$\ln Inv_{it}=\beta_0+\beta_1\ln Dkch_{it}+\beta_2 FD_{it}+\phi X_{it}+\alpha_i+\varepsilon_{it} \quad (6-1)$$

其中，Inv 为工业的技术创新水平。关于技术创新，从理论上来说，可以有多种形式，如产品设计和质量的改善、新方法和新产品的创新、降低生产成本的工艺创新等。因此对于技术创新的衡量，有多种表示方法，但文献中通常用专利申请数和新产品销售收入份额（即新产品销售收入占产品销售收入的比重）来表示。专利一般用来反映拥有自主知识产权的科技和设计成果情况，包括发明、实用新型和外观设计。由于专利申请数统计方便，数据也较易获得，学者们普遍用专利申请数来反映技术创新水平。但专利也存在着不少缺陷，如专利在很大程度上只是一种代表技术创新过程的中间产品，反映了新技术，却没有反映新技术的经济价值；同时，并不是所有的技术创新都注册为专利（如企业规模不同，其专利申请倾向存在较大差异），不同专利在经济价值方面也存在较大差别，等等。为了克服专利统计中存在的缺陷，不少文献用新产品销售收入份额来衡量技术创新。在市场经济条件下，新产品销售收入体现了技术创新产品的市场价值，因而反映了技术创新成果的重要程度。同时，新产品较专利数量包含了更为广泛的创新范围，既包括了那些申请专利的新产品，也包括了那些尚未申请专利的新产品。但新产品销售收入也存在着某些缺陷，如它未能反映旨在降低生产成本的工艺创新等（吴延兵，2006；吴延兵，2009）。因此，本书将同时使用专利申请数（ZL）和新产品销售收入份额（Xcp）两个指标，以更全面客观地反映技术创新水平。

$Dkch$ 为银行业市场结构，用银行业集中度即各地区四大国有银行贷款余额占全部金融机构贷款余额的比重来表示。模型中对技术创新和银行业市场结构都进行了对数处理，因此 β_1 即为银行业市场结构对技术创新影响的弹性系数。*FD* 为各地区的银行业规模，用各地区全部金融机构贷款余额与 GDP 的比值表示，它代表了各地区的银行业发展程度。

X 为控制的其他影响技术创新的因素，主要包括以下变量：

Siz，企业规模。企业规模一般用总资产、职工人数或销售收入来表示。Scherer（1965）对这三种度量方法的优缺点进行了分析，他指出，由于研究与开发预算往往以销售收入为依据，同时销售收入在生产要素构成中处于中立地位，因此销售收入是最为理想的企业规模代理变量。① 此处的企业规模用企业平均销售收入即各地区大中型工业企业产品销售收入除以企业数量来表示。

Fgyh，非国有化程度。用各地区非国有单位就业人数占总就业人数的比重来表示，预期该变量与被解释变量正相关。

Edu，人力资本水平。用各地区人口平均受教育年限来表示，预期其系数为正。

Fdi，经济开放。用各地区实际利用外商直接投资额占 GDP 的比重来表示，由于现有研究并未获得关于 FDI 技术创新效应的一致结论，因此其系数有待于实证结果的进一步检验。

上述控制变量中，企业规模主要用于控制工业产业特征；非国有化程度、人力资本水平、经济开放，主要用于控制地区特征（当然，非国有化程度在一定程度上也反映了工业的产权结构特征），因为技术创新不是孤立的，地区制度环境等因素也会对工业技术创新产生重要影响。

计量模型中，ε_{it}为随机误差项，α_i 表示与特定省份相关的未观察因素。由于未观察变量 α_i 可能与解释变量相关，因此，用通常的 OLS 回归方法对模型进行估计，将导致解释变量的估计偏误。当 α_i 不随时间变化时，通常的方法是将所有变量均值处理然后再进行估计，即得到固定效应模型（FE 模型）。而如果 α_i 与解释变量不相关，那么

① Scherer F. M., Firm Size, Market Structure, Opportunity, and the Out of Patented Inventions, *American Economic Review*, Vol. 55, No. 5, 1965, pp. 1097 - 1125.

就可以采取随机效应模型（RE 模型）进行估计。此时 RE 模型比 FE 模型更有效。通过对固定效应模型和随机效应模型进行比较，Hausman 检验可以在统计意义上拒绝其中一个模型。倘若二者的估计结果不存在显著差异，就说明 α_i 与解释变量不显著相关，此时虽然二者都可以得到一致的估计结果，但随机效应模型比固定效应模型更有效，因此应接受随机效应模型。而如果二者的估计结果存在显著差异，则说明 α_i 与解释变量显著相关，此时只有固定效应模型才可以得到一致的估计结果。

本书关注的重点是银行业市场结构的系数 β_1，前文的理论假说意味着 β_1 小于零，如果实证结果显示 β_1 显著小于零，则证实了本书的假说。图 6－1、图 6－2 给出了各地区工业技术创新水平与银行业市场结构的散点分布，其中图 6－1 为用专利申请数来表示技术创新水平的散点分布；图 6－2 为用新产品销售收入份额来表示技术创新水平的散点分布。从中初步可以看出，二者呈负相关关系，技术创新水平

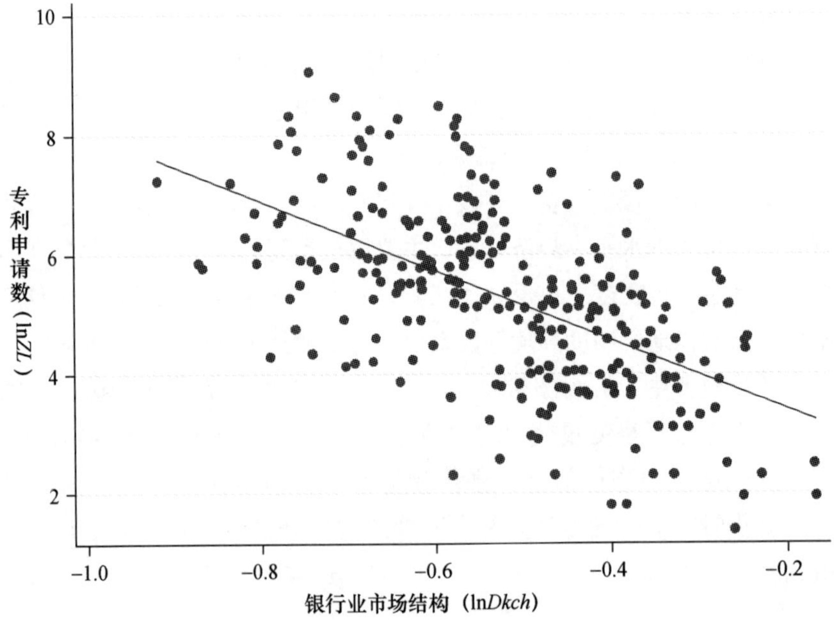

图 6－1　银行业市场结构与工业专利申请数散点分布

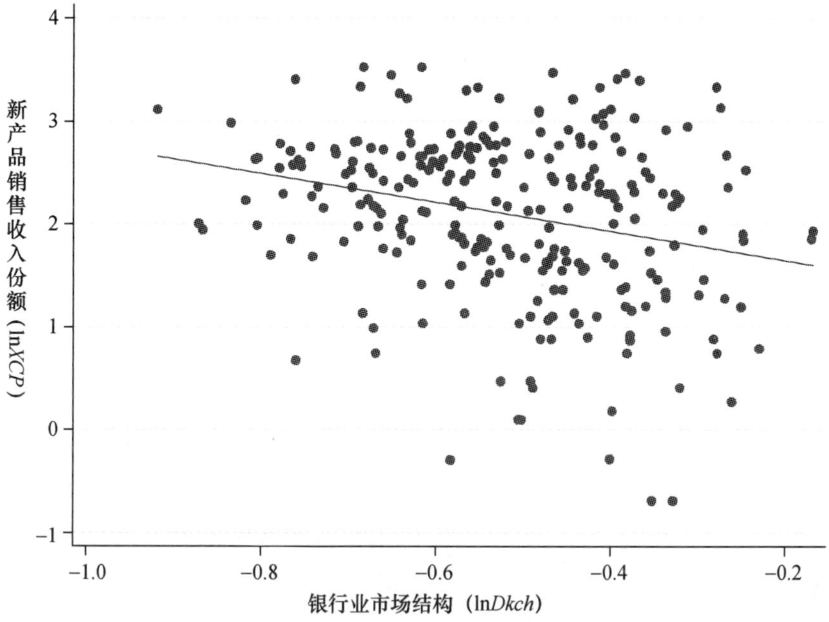

图 6－2　银行业市场结构与工业新产品销售收入份额散点分布

较高的地区，银行业集中度较低；而技术创新水平较低的地区，银行业集中度却较高。但散点分布还不能充分说明二者的因果关系，下文将对上述模型进行进一步的分析。

第三节　数据来源与描述性统计

《中国科技统计年鉴》中的“大中型工业企业”部分提供了各地区工业的技术创新数据，因此分析中工业的专利申请数和新产品销售收入份额即来自各年《中国科技统计年鉴》中的大中型工业企业科技统计数据①；银行业市场结构与银行业规模的原始数据来自各年《中

① 由于小型工业企业的创新产出仅占工业产业创新产出的极小比例，因此《中国科技统计年鉴》在统计工业产业技术创新数据时，仅统计了各地区大中型工业企业的技术创新数据。故与吴延兵（2006）等的处理方法一样，本书也用各地区大中型工业企业的专利申请数和新产品销售收入的总额数据来衡量各地区工业产业技术创新水平。

国金融年鉴》；进出口总额和外商直接投资数据来自《新中国60年统计资料汇编》，二者都用人民币对美元的年平均汇价（中间价）进行了换算；非国有化数据来自各年的《中国统计年鉴》；企业规模中1999—2004年数据来自各年《中国统计年鉴》、1996—1998年数据来自各年《中国科技统计年鉴》，其中产品销售收入用各年各地区工业品出厂价格指数平减为1996年不变价；人力资本数据中的1996—2001年数据来自陈钊和陆铭等（2004）[①] 一文、2002—2004年数据则根据各年《中国人口统计年鉴》，并与陈钊和陆铭等（2004）保持一致，按如下方法计算得出：假定小学、初中、高中、大专以上的受教育年限分别为6年、9年、12年、16年，则人力资本可以表示为 $6\times pri+9\times mid+12\times hig+16\times col$，其中pri、mid、hig、col分别表示小学、初中、高中、大专以上受教育人口占各地区6岁及以上总人口的比重。

由于《中国金融年鉴》基本上自2005年后不再按行政区域来统计四大国有银行在各个省（市）的存贷款数据，同时1997年以前的《中国科技统计年鉴》也没有对各地区大中型工业企业的专利申请数进行统计，因此为了保证数据统计口径的一致性，本书将实证检验的时间段定为1996—2004年。因西藏的金融数据缺失值较多，分析中将西藏从样本中予以剔除，并将重庆市的数据合并到四川省中。

变量的定义和描述性统计如表6－1和表6－2所示。

表6－1　　变量定义

变量	符号	定义
专利申请数	*ZL*	各地区大中型工业企业专利申请数
新产品销售收入份额	*Xcp*	各地区大中型工业企业新产品销售收入占产品销售收入的比重
银行业市场结构	*Dkch*	各地区四大国有银行贷款余额占全部金融机构贷款余额的比重

① 陈钊、陆铭、金煜：《中国人力资本和教育发展的区域差异：对于面板数据的估算》，《世界经济》2004年第12期。

续表

变量	符号	定义
银行业规模	*FD*	各地区全部金融机构贷款余额与 GDP 的比值
企业规模	*Siz*	各地区大中型工业企业产品销售收入与企业数之比
非国有化程度	*Fgyh*	各地区非国有单位就业人数占总就业人数的比重
经济开放	*Fdi*	实际利用外商直接投资占 GDP 的比重
人力资本水平	*Edu*	各地区人口平均受教育年限

表 6-2　　　　变量描述性统计

变量	均值	标准差	最小值	最大值
ln*ZL*	5. 268	1. 468	1. 386	9. 056
ln*Xcp*	2. 100	0. 804	-0. 693	3. 520
ln*Dkch*	-0. 520	0. 147	-0. 918	-0. 167
FD	1. 119	0. 389	0. 568	3. 292
Siz	0. 025	0. 014	0. 001	0. 083
Fgyh	0. 302	0. 412	0. 032	1. 843
Fdi	0. 289	0. 110	0. 104	0. 608
Edu	7. 570	0. 996	4. 693	10. 559

第四节　回归估计与讨论

一　基本回归分析

对全部样本进行估计，基本的回归结果如表 6-3 所示，其中列（1）和列（2）为以专利申请数来表征技术创新时的估计结果，列（3）和列（4）为以新产品销售收入份额来表征技术创新时的估计结果。Hausman 检验显示，列（1）和列（4）均采用固定效应模型。

Beck 和 Levine（2002）等在分析金融结构与金融发展的产业发展影响时，将金融结构与金融发展变量先后放入模型，以观察金融结构对产业增长的影响。借鉴他们的方法，本书首先对没有加入银行业规模变量的模型进行估计［如列（1）、列（3）所示］，然后对加入了所有控制变量的模型进行估计［如列（2）、列（4）所示］。列（1）、列（3）的主要作用在于为列（2）、列（4）提供比较参考，以观察在加入了代表银行业发展程度的银行业规模变量后，银行业市场结构的系数显著性是否发生变化。

由表6－3中的估计结果来看，列（1）至列（4）显示，无论是用专利申请数还是新产品销售收入份额来表征技术创新，银行业市场结构的系数都显著为负，反映出银行业集中度对技术创新具有稳定的显著为负的影响，较低的银行业集中度更有利于工业技术创新，这支持了前文的理论假说。以列（2）为例，银行业集中度对专利申请数的产出弹性为－0.791，也就是说银行业集中度提高1%，工业的专利申请数降低0.791%；以列（4）为例，银行业集中度对新产品销售收入份额的产出弹性为－0.774，即银行业集中度提高1%，工业的新产品销售收入份额降低0.774%。估计结果也意味着四大国有银行的市场份额上升不利于工业技术创新；反之，股份制商业银行、城市商业银行等其他银行的市场份额越高，则越有利于工业技术创新。

表6－3中的估计结果还显示，即使将银行业规模变量也加入模型，银行业市场结构系数仍然显著，且显著性水平与系数大小均变化不大，这说明银行业市场结构对技术创新的影响并不是来源于地区的银行业规模所代表的银行业发展程度。相反，列（2）中银行业规模的系数并不显著，而在列（4）中却显著为负，显示出银行业规模对工业新产品销售收入份额具有显著的负向影响。银行业规模的系数显著为负，一个可能的原因是前文所述的中国银行业中国有银行的主导地位和所有制偏向。

从表6－3中还可以看出，列（1）和列（2）中企业规模的系数显著为正，列（3）和列（4）中企业规模的系数则并不显著。这反映出以专利申请数来表征技术创新时，平均企业规模越大，工业的技术创新能力越强；而以新产品销售收入份额来表征技术创新时，熊彼特企业规模促进技术创新的假说则不一定成立。

此外，在其他控制变量中，地区的非国有化程度和人力资本水平的系数均显著为正，反映出无论是用专利申请数还是新产品销售收入份额来表征技术创新，非国有化程度和人力资本水平对技术创新均存在显著为正的影响，与文献基本一致，即地区的非国有化程度和人力资本水平越高，则越有利于工业的技术创新。表6－3中的估计结果也显示，代表经济开放的*FDI*在列（1）和列（2）中并不显著，在列（3）和列（4）中则显著为负，这与潘文卿（2003）等的研究结论是一致的，由于经济开放的竞争效应可能会对国内企业产生挤占效应，经济开放不一定就能促进技术创新。

表6－3　　银行业市场结构对技术创新影响的基本回归结果（全部样本）

	技术创新用专利申请数表征		技术创新用新产品销售收入份额表征	
	(1)	(2)	(3)	(4)
常数 C	-1.087 (0.749)	-1.044 (0.754)	0.428 (0.537)	0.324 (0.536)
ln*Dkch*	-0.808** (0.406)	-0.791** (0.408)	-0.815*** (0.291)	-0.774*** (0.290)
Siz	14.545*** (4.381)	14.537*** (4.387)	-0.537 (3.140)	-0.517 (3.119)
Fgyh	5.696*** (1.152)	5.229*** (1.409)	1.801** (0.825)	2.957*** (1.002)
Edu	0.526*** (0.108)	0.520*** (0.109)	0.219*** (0.077)	0.233*** (0.077)
Fdi	-0.020 (2.374)	-0.145 (2.388)	-3.345** (1.702)	-3.036* (1.697)
FD		0.113 (0.196)		-0.279** (0.139)
F值	89.970	74.810	14.070	12.550
R^2	0.573	0.548	0.217	0.302
Hausman P值	0.001	0.006	0.000	0.000
模型	FE	FE	FE	FE

注：括号内数值为标准差；***、**和*分别表示1%、5%和10%的显著性水平；Hausman检验的零假说为RE与FE的估计系数没有系统性差异。

由于具有较低银行业集中度的省份基本上都位于经济较发达的东部地区，这些省份的工业技术创新水平正好又比较高，因此我们担心银行业市场结构与技术创新不一定存在着因果关系，而可能是经济较发达的地区恰好银行业集中度比较低、技术创新水平又比较高。因此，本书还将样本分成东部地区样本和中西部地区样本，对计量模型重新进行估计，以检验在经济发展水平不一样的地区，银行业市场结构是否确实对工业技术创新具有显著影响。

分样本回归估计的结果如表6－4和表6－5所示，其中表6－4为对东部地区样本进行估计的回归结果，表6－5为对中西部地区样本进行估计的回归结果。

表6－4　银行业市场结构对技术创新影响的基本回归结果（东部地区样本）

	技术创新用专利申请数表征		技术创新用新产品销售收入份额表征	
	(5)	(6)	(7)	(8)
常数C	0.965 (1.548)	0.483 (1.596)	1.175 (0.784)	0.567 (0.870)
ln*Dkch*	－1.262* (0.748)	－1.336* (0.757)	－1.312*** (0.411)	－1.258*** (0.416)
Siz	8.797 (7.695)	8.543 (7.643)	0.361 (4.641)	0.164 (4.605)
Fgyh	7.519*** (1.677)	8.765*** (1.945)	2.849*** (0.747)	3.100*** (0.804)
Edu	0.212* (0.112)	0.259** (0.126)	0.153* (0.092)	0.249** (0.107)
Fdi	－3.673 (3.062)	－2.771 (3.120)	－2.880* (1.578)	－2.707* (1.621)
FD		－0.288 (0.229)		－0.184* (0.103)
Wald值	151.340	154.920	58.870	61.320
R^2	0.549	0.553	0.490	0.516
Hausman P值	0.809	0.952	0.425	0.928
模型	RE	RE	RE	RE

注：括号内数值为标准差；***、**和*分别表示1%、5%和10%的显著性水平；Hausman检验的零假说为RE与FE的估计系数没有系统性差异。

表 6－5　　　　　银行业市场结构对技术创新影响的基本回归结果（中西部地区样本）

	技术创新用专利申请数表征		技术创新用新产品销售收入份额表征	
	(9)	(10)	(11)	(12)
常数 C	-1.298* (0.677)	-1.124* (0.665)	0.166 (0.596)	-0.025 (0.642)
ln*Dkch*	-0.824* (0.432)	-0.930** (0.443)	-0.731** (0.355)	-0.759** (0.357)
Siz	19.223*** (4.620)	18.093*** (4.741)	-1.565 (3.978)	-1.662 (3.985)
Fgyh	4.748*** (1.277)	4.928*** (1.294)	2.405** (1.125)	2.846** (1.253)
Edu	0.566*** (0.106)	0.502*** (0.113)	0.181* (0.094)	0.233** (0.115)
Fdi	1.175 (4.413)	1.004 (4.563)	4.642 (3.658)	4.333 (3.683)
FD		0.205 (0.272)		-0.239 (0.298)
F 值		5.620	4.780	
Wald 值	364.560	346.900		
R^2	0.514	0.510	0.150	0.184
Hausman P 值	0.125	0.138	0.000	0.000
模型	RE	RE	FE	FE

注：括号内数值为标准差；***、**和*分别表示1%、5%和10%的显著性水平；Hausman 检验的零假说为 RE 与 FE 的估计系数没有系统性差异。

从表 6－4 和表 6－5 的估计结果来看，不论是在经济较发达的东部地区还是在经济不够发达的中西部地区，不论技术创新是用专利申请数还是新产品销售收入份额表示，银行业市场结构的系数均显著为负，反映出降低银行业集中度确实有利于技术创新。比较表 6－4 和表 6－5 还可发现，表 6－4 中银行业市场结构系数的绝对值明显大于表 6－5 中银行业市场结构系数的绝对值，说明东部地区银行业市场结构对技术创新的影响明显大于中西部地区。如当技术创新用专利申请数来表征时，列（6）和列（10）显示，东部地区样本回归中银行业市场结构的系数为 -1.336，而中西部地区样本回归中银行业市场结构的系数则仅为 -0.930。

二　动态面板数据估计

上述在对模型进行估计时，虽然控制了工业产业和地区制度环境等方面的因素，但仍有可能遗漏了一些重要变量而使估计结果存在偏误，如技术创新可能具有累积效应，上一期的技术创新会对当期的技术创新产生影响（周黎安、罗凯，2005）。同时，银行业市场结构本身可能存在一定的双向偏误，较低的国有银行市场份额会导致技术创新水平的提升，技术创新也有可能导致较低的国有银行市场份额。由于技术创新水平较高的地方经济活力往往也较强，企业的融资需求也较大，股份制商业银行、城市商业银行等其他银行可能会选择在工业产业技术创新水平较高的地区设立分支机构进而实现市场扩张，因此技术水平较高的地区，银行业集中度可能会比较低。

为了消除银行业市场结构以及其他解释变量所导致的内生性问题，本书将在式（6-1）的基础上引入技术创新的滞后一期项作为解释变量，并用广义矩估计方法（GMM 估计）对模型进行稳健性检验。

加入了技术创新的滞后一期项的模型如下：

$$\ln Inv_{it} - \ln Inv_{it-1} = \beta_0 + \beta_1 \ln Dkch_{it} + \beta_2 FD_{it} + \phi X_{it} + \eta_i + \mu_t + \varepsilon_{it} \tag{6-2}$$

其中，$\ln Inv_{it-1}$指滞后一期的技术创新，其他变量同式（6-1）。

式（6-2）中由于加入了因变量的滞后一期项，即由静态面板数据模型转化为动态面板数据模型。对动态面板数据模型，一般采用广义矩估计方法进行估计，广义矩估计又可分为差分广义矩估计（difference GMM）和系统广义矩估计（system GMM）。差分广义矩估计方法由 Arellano 和 Bond（1991）提出，其思想是首先对回归方程［即式（6-2）］进行一阶差分，以消除未观测到的个体效应所造成的遗漏变量偏误，然后用解释变量的滞后值作为差分方程的工具变量。但滞后期的水平变量做差分变量的工具变量可能会导致弱工具变量问题，进而会造成有限样本偏误、系数不精确等。[①] 为了克服差分广义矩估计所存在的问题，Arellano 和 Bover（1995）、Blundell 和 Bond（1998）在 Arellano 和 Bond（1991）的基础上增加解释变量的一阶差分滞后项作为原水平方程的工具变量，并对差分方程与水平方程同时进行估计，这种方法即所谓的系统广义矩估计方法。[②③] 相对于差分广义矩估计而言，系统广义矩估计在有效性和一致性上都有了较大的改进。特别是在有限样本情况下，相对于差分广义矩估计而言，系统广义矩估计有效性更高，偏差更小（Blundell et al.，2000）。[④] 因此，本书选用系统广义矩估计方法对模型进行稳健性检验。

采用系统广义矩估计方法，重新验证银行业市场结构对技术创新的影响，估计结果如表 6－6 所示，其中列（13）为以专利申请数来表征技术创新的回归估计结果，列（14）为以新产品销售收入份额来表征技术创新的回归估计结果。表 6－6 中各列均直接包含了所有控制变量，而不再将银行业市场结构和银行业规模依次加入模型。

应用广义矩估计方法进行估计时，需要检验模型设置的合理性和工具变量的有效性。本书分别采用 Arellano－Bond 检验和 Hansen 检验，Arellano－Bond 检验用于检验模型差分后的残差是否存在序列相关，系统广义矩估计允许差分后的残差项存在一阶自相关，但不能存在二阶自相关。Hansen 检验用于分析工具变量是否过度识别，即工具变量是否有效。从表 6－6 的检验结果来看，对工具变量的 Hansen 检验显示，各种情形下工具变量都是有效的；AR（1）、AR（2）统计

---

① Arellano M.，Bond S.，Some Tests of Specification for Panel Data：Monte Carlo Evidence and an Application to Employment Equation，*Review of Economic Studies*，Vol. 58，No. 2，1991，pp. 277－297.

② Arellano M.，Bover O.，Another Look at the Instrumental Variable Estimation of Error Components Model，*Journal of Econometrics*，Vol. 68，No. 1，1995，pp. 29－51.

③ Blundell R.，Bond S.，Initial Conditions and Moment Restrictions in Dynamic Panel Data Model，*Journal of Econometrics*，Vol. 87，No. 1，1998，pp. 115－143.

④ Blundell R.，Bond S.，Windmeijer F.，Estimation in Dynamic Panel Data Models：Improving on the Performance of the Standard GMM Estimator，IFS Working Papers W0012，Institute for Fiscal Studies，2000.

变量也显示，差分后的残差项虽然存在一阶自相关，但不存在二阶自相关，模型设置是合理的。

表 6－6　银行业市场结构对技术创新影响的动态面板回归结果

	技术创新用专利申请数表征	技术创新用新产品销售收入份额表征
	（13）	（14）
常数 C	0.164	－0.297**
	（0.165）	（0.121）
ln*Inv*（－1）	0.512***	0.538***
	（0.019）	（0.021）
ln*Dkch*	－0.853***	－0.604***
	（0.173）	（0.116）
FD	－0.167***	－0.126***
	（0.025）	（0.024）
Siz	9.361***	－4.167***
	（1.631）	（1.031）
Fgyh	3.975***	2.094***
	（0.271）	（0.170）
Edu	0.150***	0.159***
	（0.035）	（0.017）
Fdi	－3.513***	1.160**
	（1.276）	（0.471）
Hansen 检验	0.946	1.000
AR（1）	0.012**	0.040**
AR（2）	0.190	0.483

注：括号内数值为标准差；***、** 和 * 分别表示 1%、5% 和 10% 的显著性水平；Hansen 检验、AR（1）和 AR（2）检验均给出了显著性概率 p 值。

从表 6－6 的估计结果来看，滞后一期的技术创新显著为正，说明前期的技术创新对本期的技术创新产生正向影响。各种情形下，与前文表 6－3 静态面板数据估计相比，银行业市场结构的系数仍然显著为负，当用专利申请数来表征技术创新时，银行业市场结构系数的显著性水平更是由 5% 上升到 1%。这进一步反映出，银行业集中度确实对技术创新具有显著为负的影响，银行业集中度的提高会抑制工业产业技术创新，或者说银行业中四大国有银行市场份额的下降对技术创新具有显著的促进作用，这进一步支持了前文的理论假说。

从表 6 - 6 中还可以看出，非国有化程度、人力资本水平依然对技术创新具有显著的正向影响，与表 6 - 3 的估计结果一致，而银行业规模则对技术创新具有显著为负的影响。同时，表 6 - 6 中，当用专利申请数来表征技术创新时，*Siz* 符号显著为正，*Fdi* 符号显著为负；而当用新产品销售收入份额来表征技术创新时，*Siz* 符号显著为负，*Fdi* 符号显著为正。

由于系统广义矩估计较好地解决了模型的内生性问题，表 6 - 6 中的估计结果更有效，因此我们更加信赖表 6 - 6 中的估计结果。但不论是静态面板数据估计还是系统广义矩估计的回归结果，都表明银行业集中度确实对工业的技术创新产生显著为负的影响，银行业集中度的提高不利于工业的技术创新。

本章小结

在前文的理论分析和分析中国工业技术创新影响因素的基础上，本章运用中国省级层面的面板数据，实证分析了银行业市场结构对工业技术创新的影响。基于静态面板估计和系统广义矩估计的结果均表明，银行业市场结构对工业的技术创新具有显著的负向影响，银行业集中度的提高不利于工业的技术创新。也就是说，银行业中四大国有银行的市场份额提高会抑制工业的技术创新，而其他如股份制商业银行、城市商业银行等中小银行的市场份额的提高则会对工业的技术创新产生促进作用。

此外，本章还分析了非国有化程度、人力资本水平、企业规模等因素对工业技术创新的影响。研究发现，非国有化程度、人力资本水平的提高有利于技术创新；企业规模对工业的专利申请数存在显著为正的影响，但却对新产品销售收入份额存在显著为负的影响，同时银行业规模与技术创新也存在显著的负相关关系。

本章的研究结果与最优金融结构理论关于银行业市场结构应该与实体经济结构相匹配的观点一致，同时我们还证实了银行业市场结构不仅仅影响着银行业的资金配置效率，大力发展中小银行其作用也不仅仅在于影响中小企业发展进而促进经济增长上，更是对促进技术创新、提高经济内生发展动力具有重要作用。

近年来，中国经济总体上高投入低产出、产业层次低、技术创新能力弱的粗放发展模式并未有多大的改观。基于本章提供的证据，我们认为，着眼于提高技术创新能力的经济结构调整，有赖于存在一个合理的银行业市场结构。其政策含义是，当前，我国应进一步深化金融体制改革，大力破除制约中小银行发展的障碍，提高中小银行在整个银行业中的市场份额，建立一个与实体经济结构相匹配的合理的银行业市场结构。同时，非国有化和人力资本有利于技术创新，政府应持续推进非国有化和着力提高人力资本水平，为工业技术创新创造一个良好的制度环境。

第七章　银行业市场结构对工业减排影响的实证分析

除了上一章的技术创新问题，工业污染物排放也是与中国工业有关并广为诟病的问题。中国工业增长一直被称为“高投入、高消耗、高污染”的粗放型增长模式，改革开放以来，只占 GDP 40.1% 的工业却消耗了全国 67.9% 的能源，排放出全国二氧化碳的 83.1%（陈诗一，2009）。[①] 随着中国经济的快速发展，工业污染问题日益凸显出来。为此，中国政府提出要加大节能减排力度、将粗放型增长模式向集约型增长模式转变。2009 年，中国政府提出到 2020 年，单位 GDP 二氧化碳排放要比 2005 年下降 40%—45%。国家“十二五”规划也提出了“十二五”期间，单位 GDP 能源消耗降低 16%、单位 GDP 二氧化碳排放下降 17%、化学需氧量和二氧化硫排放分别减少 8% 的约束性指标。在这样的背景下，对如何促进工业减排进行研究，具有重要的现实意义。

一般认为，工业污染物排放的减少可以归结为三种因素：一是减少生产的规模，二是降低工业污染物的排放强度，三是使生产活动从工业污染物排放强度高的产业向排放强度低的产业转移，而其中，降低工业污染物的排放强度则是最为根本、最为重要的途径（Copeland and Taylor，2003）。[②] 在第三章中，我们发现，银行业集中度较高的地区的工业污染物排放强度较高，而银行业集中度较低的地区的工业污染物排放强度也较低。在第四章理论分析部分，本书提出了较高的

---

① 陈诗一：《能源消耗、二氧化碳排放与中国工业的可持续发展》，《经济研究》2009 年第 4 期。

② Copeland B.，Taylor S.，*Trade & the Environment：Theory and Evidence*，Princeton University Press，2003.

银行业集中度不利于工业污染物排放强度降低的理论假说。那么，从实证的角度而言，银行业集中度的降低是否确实会促进工业减排？为此，本章将运用省级面板数据进一步实证检验银行业市场结构对工业减排的影响。

对工业污染物排放的研究，国内外学者更多的是通过环境库兹涅茨曲线来讨论经济增长与工业污染物排放之间的关系（朱平辉等，2010）[①]，而本章则是通过银行业市场结构来研究工业污染物排放。与既有的文献相比，本章的贡献主要体现在两个方面：第一，本章首次分析了银行业市场结构对工业减排的影响；第二，应用工具变量估计方法，尽可能地消除了关于工业污染物排放的研究中可能存在的联立内生性及遗漏解释变量所带来的估计偏误。

第一节　计量模型

分析银行业市场结构对工业减排的影响，实际上要分析的是银行业市场结构（用银行业集中度来表示）对工业污染物排放的影响，如果银行业市场结构对工业污染物排放的影响为正，则意味着较低的银行业集中度会导致较低的工业污染物排放，即银行业集中度的降低有利于工业减排。因此在计量模型的设定时，本章将工业污染物排放置为因变量，而自变量则包括银行业市场结构以及其他变量。

Grossman 和 Krueger（1995）在分析 NAFTA 协议的环境效应时，指出经济增长对环境质量的影响包含三类效应：规模效应、结构效应和技术效应。[②] 规模效应指更大的经济规模对环境产生的负面效应，结构效应指经济发展过程中要素投入的变化、产业结构的调整对污染物排放的影响，技术效应则是指技术进步使经济中的污染物排放的下降。遵循 Grossman 和 Krueger（1995）的思路，包群、陈媛媛和宋立

---

① 朱平辉、袁加军、曾五一：《中国工业环境库兹涅茨曲线分析——基于空间面板模型的经验研究》，《中国工业经济》2010 年第 6 期。

② Grossman G., Krueger A., Economic Growth and the Environment, *Quarterly Journal of Economics*, Vol. 110, No. 2, 1995, pp. 353 – 377.

刚（2009）应用影响污染物排放的三类效应，分析了 FDI 对中国环境质量的影响。①

本章将在 Grossman 和 Krueger（1995）与包群、陈媛媛和宋立刚（2009）的基础上，在模型中同样控制影响工业污染物排放的三类效应，分析银行业市场结构对工业污染物排放的影响。在这三类效应中，规模效应用各地区 GDP 来度量；结构效应用各地区的工业化程度和要素禀赋状况来度量，其中要素禀赋又包含两类：人均资本存量和人力资本状况；技术效应用各地区滞后一期的人均 GDP 来度量，Copeland 和 Taylor（2003）指出，滞后一期的人均 GDP 不仅能反映较高的人均 GDP 对应较先进的技术水平，同时也能反映技术进步对工业污染物排放的影响滞后。

此外，环境规制也是影响工业污染物排放的一个极为重要的因素，为此我们在模型中还控制了环境规制变量。

因此，本章用如下的计量模型来分析银行业市场结构对工业污染物排放的影响：

$$\begin{aligned}\ln Pol_{it} = {} & \beta_0 + \beta_1 BS_{it} + \beta_2 GDP_{it} + \beta_3 Rjcapital_{it} + \beta_4 Rlzb_{it} + \beta_5 Gyh_{it} \\ & + \beta_6 Lagrjgdp_{it} + \beta_7 Plw_{it} + \eta_i + \mu_t + \varepsilon_{it}\end{aligned} \tag{7-1}$$

其中，下标 i、t 分别表示省份代码和年份，η_i 表示不随时间变化的地区效应，μ_t 表示不随地区变化的时间效应，ε_{it} 为随机误差项，β_0 为常数项，β_1 至 β_7 为相应变量的系数。β_1 是本章关注的重点，如果 β_1 大于 0，就说明银行业市场结构对工业污染物排放具有正向影响（即银行业集中度的降低有利于工业减排），与前文的理论分析一致。各个变量的具体含义如下：

被解释变量 *Pol* 表示各地区工业污染物的排放强度，即用各地区工业污染物排放量与工业增加值的比值来表示。② 工业污染物可以分为三类：固体废弃物、气体污染排放物和液体污染排放物。为了尽可

① 包群、陈媛媛、宋立刚：《外商投资、污染排放与我国环境质量变化》，载宋立刚、胡永泰《经济增长、环境与气候变迁——中国的政策选择》，社会科学文献出版社 2009 年版，第 210—228 页。

② 与包群、陈媛媛和宋立刚（2009）等研究不同，基于前文的理论分析，本章回归分析时工业污染物排放情况用工业污染物的排放强度而不是排放量来表示。

能全面地分析银行业市场结构对工业污染物排放的影响，同时考虑到数据的可获得性，对于被解释变量，本章最终选取了反映工业污染物排放情况的三类指标：工业二氧化硫排放强度（SO_2qd）、工业烟尘排放强度（*Smokeqd*）和工业废水排放强度（*Waterqd*）。

BS 表示各地区的银行业市场结构，同前文一样，其用银行业集中度：贷款集中度（*Dkch*）和存款集中度（*Ckch*）用各地区四大国有银行贷款余额（存款余额）占全部金融机构贷款余额（存款余额）的比重来表示，其中贷款集中度用于基本的回归分析，存款集中度则用于进行稳健性讨论。依照前文的理论分析，预期银行业市场结构的系数为正。

GDP 表示各地区国内生产总值，用于衡量各地区经济发展程度。*GDP* 对工业污染物的排放具有两方面的影响，在工业化初期，与较高的环境质量相比，人们更关心就业和收入的增加，因此经济增长必然会导致工业污染物的快速排放；但随着经济发展程度的提高，人们对环境质量更加重视，环境监管力度进一步加强，进而又可能会导致单位工业增加值的污染排放下降。因此，*GDP* 前的系数符号，有赖于实证结果的检验。

Rjcapital 表示各地区的人均资本存量，用各地区物质资本存量与劳动力从业人员数的比值来度量。张军等（2004）用永续盘存法对中国各省市的物质资本存量进行了估计①，在该文的基础上，笔者测算出了各省市的人均资本存量。一般认为资本密集度高，污染密集度也较高，因此预期人均资本存量前的系数为正。

Rlzb 表示各地区的人力资本水平，用各地区人口平均受教育年限来度量。陈钊和陆铭等（2004）构建了 1987—2001 年中国各地区的人力资本面板数据，同该文计算口径一致，笔者测算出了 2002—2004 年各地区人力资本数据，具体的计算方法为：假定小学、初中、高中、大专以上的受教育年限分别为 6 年、9 年、12 年、16 年，则人力资本可以表示为 $6 \times \mathrm{pri} + 9 \times \mathrm{mid} + 12 \times \mathrm{hig} + 16 \times \mathrm{col}$，其中 pri、mid、

---

① 张军、吴桂英、张吉鹏：《中国省际物质资本存量估算：1952—2000》，《经济研究》2004 年第 10 期。

hig、col 分别表示小学、初中、高中、大专以上受教育人口占各地区6 岁及以上总人口的比重。一般而言，人力资本水平高，代表生产中技术水平也高，因此预期人力资本对工业污染物排放的影响为负。

Gyh 表示各地区工业化程度，用各地区工业增加值占 GDP 的比重来度量。Grossman 和 Krueger（1995）、Panayotou（1997）等认为，在经济起飞和加速阶段，工业在 GDP 中比重增加会带来严重的环境问题；而冯皓等（2011）利用中国省级面板数据，发现工业排放具有规模经济，随着工业化程度的提高，每单位工业 GDP 的污染排放下降。[①] 理论上，工业化依赖于粗放式增长还是集约式增长，其对工业污染排放的影响是不同的。因此，工业化程度对工业污染物排放的影响也有赖于实证结果的检验。

Lagrjgdp 表示滞后一期的人均 GDP，如 Copeland 和 Taylor（2003）所述，较高的人均 GDP 对应着较先进的技术水平，因此预期其系数为负。

Plw 代表环境规制强度，同冯皓等（2011）一样，用各地区水污染排放费用有效征收率即超标废水排污费收入总额与未达标工业废水排放量的比重来表示。环境规制强度的提高，会相应提高企业的排污成本，因此预期环境规制强度的系数为负。

以上是各变量的具体定义，本章将采用面板回归方法对式（7-1）进行实证分析，并用 Hausman 检验进行固定效应与随机效应的选择。由于银行业市场结构可能存在的内生性，分析时还将用工具变量方法对式（7-1）重新进行回归，以进一步检验银行业市场结构对工业污染物排放的影响。

第二节　数据来源与描述性统计

本章分析的原始数据中，各地区工业二氧化硫排放量、工业烟尘

---

① 冯皓、陆铭、荣健欣：《集聚与减排——基于中国省级面板数据的实证分析》，第十一届中国经济学年会论文，2011 年。

排放量、工业废水排放量数据均来自各年《中国环境统计年鉴》，其中工业二氧化硫排放量、工业烟尘排放量中 1994 年部分地区残缺的数据用前后两年的平均值来表示，需要说明的是，由于国家“十五”环保统计报表制度的实行，《中国环境统计年鉴》中 1998 年后的污染物排放数据依据 43 个工业分类统计，而 1998 年之前则依据 18 个工业行业分类统计。金融原始数据来自各年《中国金融年鉴》。GDP、人均 GDP、工业增加值、劳动力从业人员数、工业化程度数据来自各年《中国统计年鉴》，其中 GDP、人均 GDP 用 GDP 平减指数将名义值折算为 1991 年不变价。物质资本存量数据来自“复旦大学中国社会主义市场经济研究中心”网站数据库。人力资本数据中 1992—2002 年数据来自陈钊和陆铭等（2004）一文，2003—2004 年原始数据来自《中国人口统计年鉴》。环境规制强度数据来自曾文慧（2008）一文。①

由于《中国金融年鉴》基本上自 2005 年后不再按行政区域来统计四大国有银行在各个省（市）的存贷款数据，同时 1992 年以前的环境统计数据不太完整，因此为了保证数据统计口径的一致性，本章将分析的时间段定为 1992—2004 年。因西藏的金融数据缺失值较多，分析时将西藏从样本中予以剔除，同时由于重庆市 1997 年才成立，因此还将重庆市的数据合并到四川省中，这样本章共选择了 29 个省（市、区）13 年共 377 个样本数据。

变量的定义和描述性统计如表 7 - 1 和表 7 - 2 所示。

表 7 - 1　　　　　　　　　　变量定义

名称	符号	定义
因变量		
工业二氧化硫排放强度	SO_2qd	工业二氧化硫排放量与工业增加值的比值
工业废水排放强度	*Waterqd*	工业废水排放量与工业增加值的比值

① 曾文慧：《流域越界污染规制：对中国跨省水污染的实证研究》，《经济学》（季刊）2008 年第 2 期。

续表

名称	符号	定义
工业烟尘排放强度	*Smokeqd*	工业烟尘排放量与工业增加值的比值
自变量		
贷款集中度	*Dkch*	四大国有银行贷款余额占全部金融机构贷款余额的比重
存款集中度	*Ckch*	四大国有银行存款余额占全部金融机构存款余额的比重
国内生产总值	*GDP*	用 GDP 平减指数将名义 GDP 折算为 1991 年不变价的实际值
人均资本存量	*Rjcapital*	各地区物质资本存量与劳动力从业人员数的比值
人力资本	*Rlzb*	各地区人口平均受教育年限
工业化程度	*Gyh*	工业增加值占 GDP 的比重
滞后一期人均 GDP	*Lagrjgdp*	用 GDP 平减指数将人均名义 GDP 折算为 1991 年不变价的实际值，并取滞后一期
环境规制强度	*Plw*	超标废水排污费收入总额与未达标工业废水排放量的比重
存贷比	*Dcb*	贷款余额与存款余额的比值

表 7－2　　变量描述性统计

变量	均值	标准差	最小值	最大值
SO_2qd	795.168	925.222	80.400	10757.140
Waterqd	526.986	628.090	14.611	8109.226
Smokeqd	97.426	83.444	8.115	603.937
Dkch	0.667	0.440	0.399	8.795
Ckch	0.680	0.123	0.420	1.052
GDP	23.424	22.071	0.766	143.099
Rjcapital	1.050	1.486	0.057	9.219
Rlzb	7.270	1.071	4.608	10.559
Gyh	0.365	0.081	0.112	0.571
Lagrjgdp	61.546	51.937	9.334	361.309

续表

变量	均值	标准差	最小值	最大值
Plw	0.334	1.862	0.010	30.860
Dcb	0.986	0.241	0.127	1.851

图7-1至图7-3直观地反映了各类工业污染物排放强度与银行业市场结构[①]之间的关系，其中，图7-1给出了工业二氧化硫排放强度与银行业市场结构之间的关系，图7-2给出了工业废水排放强度与银行业市场结构之间的关系，图7-3给出了工业烟尘排放强度与银行业市场结构之间的关系。从中可以初步看出，三类工业污染物的排放强度与银行业市场结构都呈正相关关系，工业污染物排放强度较高的地区，银行业集中度也较高；工业污染物排放强度较低的地区，银行业集中度也较低。

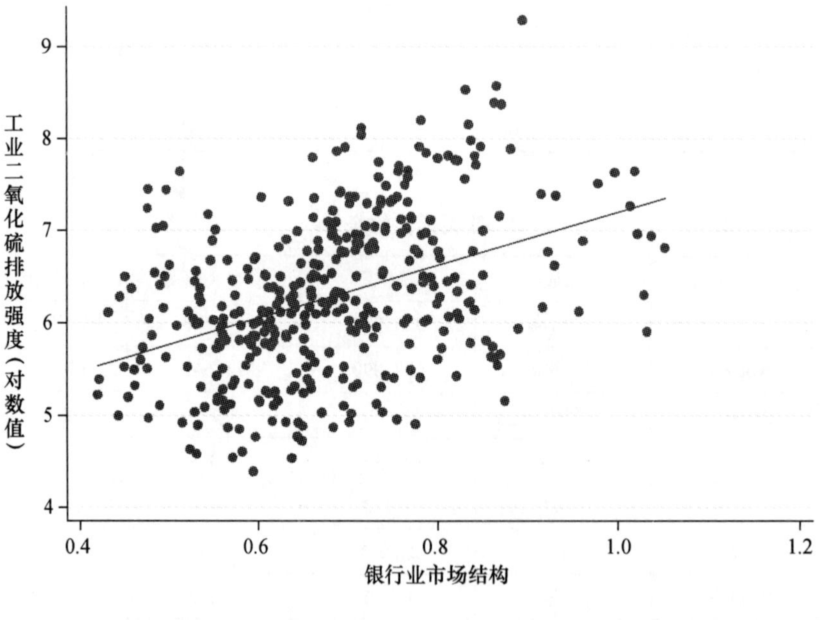

图7-1 工业二氧化硫排放强度与银行业市场结构散点分布

① 此处的银行业市场结构用存款集中度来表示。

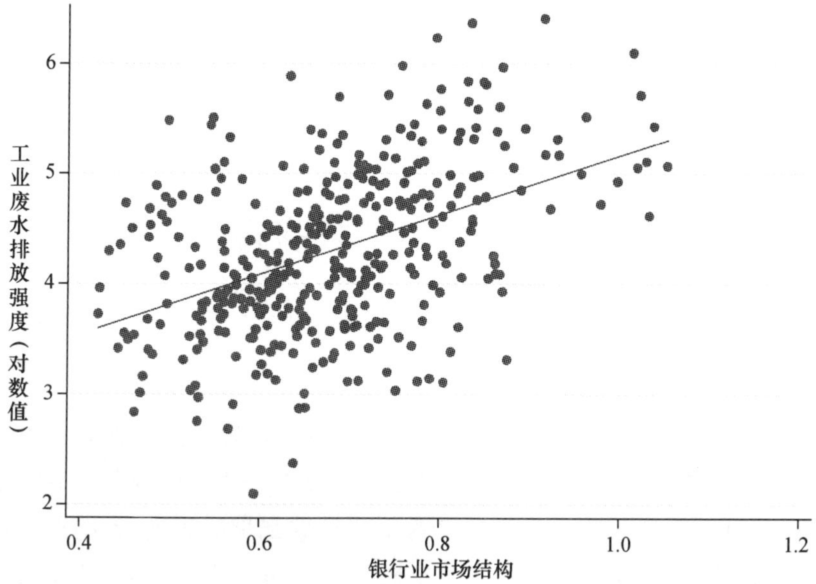

图 7－2　工业废水排放强度与银行业市场结构散点分布

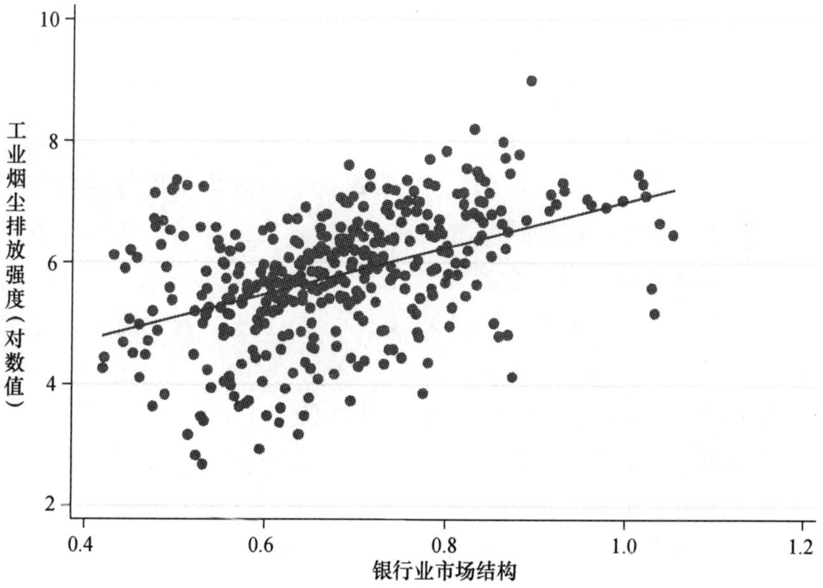

图 7－3　工业烟尘排放强度与银行业市场结构散点分布

上述各图为前文的理论分析提供了初步的经验支持，但这还不能充分说明工业污染物排放强度与银行业市场结构之间的因果关系。为了得到更可靠的结论，下文将进行进一步的回归分析。

第三节 回归估计与讨论

一 实证研究基本结果

1. 全部样本估计结果

首先利用全部样本数据对式（7－1）进行估计，银行业市场结构用银行业的贷款集中度表示，回归结果如表7－3所示。表7－3中列（1）至列（3）分别为以工业二氧化硫排放强度、工业废水排放强度、工业烟尘排放强度作为因变量的估计结果。Hausman检验显示，表7－3中列（1）和列（3）采用随机效应模型，列（2）采用固定效应模型。

从表7－3中三类工业污染物排放的估计结果来看，与前文的理论分析一致，银行业市场结构的系数都显著为正，表明银行业市场结构对工业污染物的排放强度具有显著的正向影响，银行业贷款集中度的提高会增加各地区工业污染物的排放强度。以工业二氧化硫排放为例，贷款集中度的系数为0.511，表明银行业贷款集中度每增加1个单位，工业二氧化硫排放强度增加0.511%。从三种污染物的比较来看，银行业市场结构对工业废水排放的影响最大（系数为0.745），其次为工业烟尘（系数为0.645），最后才是工业二氧化硫（系数为0.511）。

表7－3中还给出了其他变量的估计结果。

具体而言，GDP对工业二氧化硫排放强度和工业废水排放强度均具有显著为正的影响（虽然系数较小），说明经济规模的扩大会提高工业二氧化硫和工业废水的排放强度，但同时GDP对工业烟尘排放强度的影响却不显著，这反映出经济规模对不同污染物的影响存在差异。

表 7-3　全部样本估计结果（银行业市场结构用贷款集中度表示）

	(1) 因变量为工业 二氧化硫排放强度	(2) 因变量为工业 废水排放强度	(3) 因变量为工业 烟尘排放强度
常数 C	8.676*** (0.367)	6.833*** (0.385)	7.649*** (0.466)
Dkch	0.511*** (0.138)	0.745*** (0.136)	0.645*** (0.212)
GDP	0.005** (0.002)	0.005** (0.002)	-0.004 (0.003)
Rjcapital	0.135*** (0.050)	0.165*** (0.052)	0.024 (0.070)
Rlzb	-0.296*** (0.037)	-0.423*** (0.038)	-0.196*** (0.053)
Gyh	-0.653 (0.644)	1.074 (0.743)	-0.601 (0.744)
Lagrjgdp	-0.012*** (0.002)	-0.012*** (0.002)	-0.010*** (0.003)
Plw	-0.006 (0.007)	-0.018*** (0.007)	-0.009 (0.010)
Hausman P 值	0.473	0.000	0.345
模型	RE	FE	RE
R^2	0.376	0.363	0.565
Wald 值	792.510	183.690	496.050

注：括号内数值为标准差；***、**和*分别表示1%、5%和10%的显著性水平；Hausman 检验的原假设为固定效应与随机效应模型的估计系数存在非系统差异，给定1%显著性水平，若 Hausman 检验值小于临界值，则接受随机效应模型，反之则接受固定效应模型。

人均资本存量在列（1）和列（2）中系数均显著为正，在列（3）中系数虽然也为正，但并不显著。说明人均资本存量对不同污染物的影响同样存在差异，人均资本存量的上升，能显著提高工业二氧化硫和工业废水的排放强度，但对工业烟尘排放强度的影响不显著。Copeland 和 Taylor（2003）认为，资本密集度更高，污染密集度也更高，本章结果显示，对于不同污染物而言，结论可能会有出入。

人力资本在各列中的系数均显著为负，说明不论是对于工业二氧化硫、工业废水还是工业烟尘而言，各地区人力资本水平的提高都有利于降低污染物的排放强度。由于较高的人力资本水平能使企业采用更为先进的生产技术和环保技术，因而人力资本水平更高的地区，工业污染物的排放强度更易降低。

工业化程度在列（1）和列（3）中系数为负，在列（2）中系数为正，但各列中都不显著，反映出工业规模的扩大对工业污染物排放强度并没有显著的影响。正如前文所述，工业化程度对工业污染物排放强度的影响，现有的研究并未取得一致的结论。

滞后一期的人均 GDP 在各列中系数均显著为负，与预期一致，反映出滞后一期的人均 GDP 对工业二氧化硫、工业废水和工业烟尘的排放强度具有显著的负向效应，滞后一期的人均 GDP 越高，越有利于降低工业污染物的排放强度。

环境规制强度的系数在列（2）中显著为负，说明环境规制强度的提高有利于降低工业废水的排放强度，与预期一致。而环境规制强度在列（1）和列（3）中系数虽然也为负，但并不显著，一个可能的原因是环境规制强度是用“水污染排放费用有效征收率”来表征，因此其对工业废水排放有显著影响，但对工业二氧化硫和工业烟尘排放的影响并不显著。

2. 分区域估计结果

由于中国各地区之间存在着明显的经济发展差异，银行业市场结构与工业污染物的排放也显著不同，因此我们还将全部样本划分为东部地区和中西部地区两个子样本，以进一步检验银行业市场结构对工业污染物排放的影响。分析中，银行业市场结构仍用银行业的贷款集中度来表示。

东部地区样本的估计结果如表 7－4 所示。同全部样本估计结果一样，各类工业污染物指标中，银行业市场结构的系数均显著为正，表明东部地区银行业市场结构对工业污染物排放强度亦具有显著为正的影响。同时，人力资本、滞后一期的人均 GDP 在各列中的系数均显著为负，说明人力资本、滞后一期的人均 GDP 的提高能显著降低工

表 7 - 4　　东部地区估计结果（银行业市场结构用贷款集中度表示）

	(4) 因变量为工业二氧化硫排放强度	(5) 因变量为工业废水排放强度	(6) 因变量为工业烟尘排放强度
常数 C	7.377 ***	5.314 ***	6.525 ***
	(0.556)	(0.500)	(0.866)
Dkch	0.550 ***	0.748 ***	0.489 *
	(0.218)	(0.213)	(0.295)
GDP	0.001	0.002	-0.008 **
	(0.002)	(0.002)	(0.003)
Rjcapital	0.053	0.087 *	-0.124
	(0.055)	(0.051)	(0.084)
Rlzb	-0.199 ***	-0.113 ***	-0.183 *
	(0.067)	(0.062)	(0.102)
Gyh	0.195	-0.334	0.804
	(1.042)	(0.882)	(1.997)
Lagrjgdp	-0.008 ***	-0.011 ***	-0.004 ***
	(0.002)	(0.002)	(0.001)
Plw	0.001	0.009 *	0.005
	(0.006)	(0.006)	(0.009)
Hausman P 值	0.165	0.117	0.160
模型	RE	RE	RE
R^2	0.325	0.363	0.387
Wald 值	386.030	562.300	51.520

注：括号内数值为标准差；***、** 和 * 分别表示 1%、5% 和 10% 的显著性水平；Hausman 检验的原假设为固定效应与随机效应模型的估计系数存在非系统差异，给定 1% 显著性水平，若 Hausman 检验值小于临界值，则接受随机效应模型，反之则接受固定效应模型。

业污染物的排放强度，这同表 7 - 3 中的结果是一致的。此外，工业化程度的系数在全部样本和东部地区样本的估计结果中都不显著；其他变量的估计系数对不同污染指标而言，存在较大差异，以人均资本存量为例，在工业废水排放强度估计结果中，其系数显著为正，而在其他污染物的估计结果中却并不显著。

表 7 – 5 给出了中西部地区样本的估计结果。从估计结果来看，首先，各列中银行业市场结构的系数均显著为正，表明西部地区银行业集中度的提升对工业污染物排放强度具有促进作用；其次，人力资本、滞后一期的人均 GDP 对各类污染物排放强度都具有显著的负向影响；此外，其他变量与全部样本、东部地区样本的估计结果存在较大差异。以工业化程度为例，中西部地区样本估计结果中其对工业二氧化硫排放强度具有显著为负的影响，即中西部地区工业二氧化硫排放具有规模经济，随着工业规模的扩大，每单位工业 GDP 的 SO_2 排放下降，然而全部样本与东部地区样本中工业化程度的系数却并未通过显著性检验；以环境规制强度为例，在全部样本和东部地区样本中，其系数显著为负，表明环境规制强度的提高有利于降低工业废水的排放强度，但在中西部地区样本中其系数却并不显著。

表 7 – 5　中西部地区估计结果（银行业市场结构用贷款集中度表示）

	(7)	(8)	(9)
	因变量为工业二氧化硫排放强度	因变量为工业废水排放强度	因变量为工业烟尘排放强度
常数 C	8.546***	6.550***	7.338***
	(0.465)	(0.428)	(0.661)
Dkch	0.333**	0.535***	0.517***
	(0.155)	(0.143)	(0.272)
GDP	0.010**	−0.005	−0.003
	(0.005)	(0.004)	(0.007)
Rjcapital	0.081	−0.142	0.426*
	(0.155)	(0.142)	(0.236)
Rlzb	−0.107**	−0.204***	−0.064***
	(0.055)	(0.051)	(0.014)

续表

	(7) 因变量为工业二氧化硫排放强度	(8) 因变量为工业废水排放强度	(9) 因变量为工业烟尘排放强度
Gyh	-2.117*** (0.820)	-0.497 (0.754)	-0.518 (1.093)
Lagrjgdp	-0.027*** (0.004)	-0.020*** (0.003)	-0.026*** (0.006)
Plw	0.079 (0.131)	0.019 (0.120)	-0.087 (0.228)
Hausman P 值	0.000	0.000	0.119
模型	FE	FE	RE
R^2	0.336	0.529	0.416
Wald 值	92.660	185.630	228.530

注：括号内数值为标准差；***、**和*分别表示1%、5%和10%的显著性水平；Hausman 检验的原假设为固定效应与随机效应模型的估计系数存在非系统差异，给定1%显著性水平，若 Hausman 检验值小于临界值，则接受随机效应模型，反之则接受固定效应模型。

3. 估计结果比较

对不同样本数据的估计结果进行比较，可以发现，不论是在全部样本、东部地区样本，还是中西部地区样本估计结果中，银行业市场结构对各类工业污染物的排放强度都有显著为正的影响。即银行业贷款集中度的上升提高了各类工业污染物的排放强度，而除四大国有银行以外的其他银行的市场份额的上升则会使单位工业 GDP 的污染物排放下降。同时，人力资本、滞后一期的人均 GDP 对各类工业污染物的排放强度具有显著为负的影响。

对东部地区与中西部地区进行比较，在因变量为工业二氧化硫排放强度、工业废水排放强度时，东部地区银行业市场结构的系数要大于西部地区银行业市场结构的系数，但因变量为工业烟尘排放强度时，东部地区银行业市场结构的系数却要小于西部地区。显示出东部地区银行业市场结构对工业二氧化硫排放强度和工业废水排放强度具有更大的影响，但对工业烟尘排放强度影响不大。

二 稳健性讨论

由于银行业市场结构可以用不同的指标来度量，本部分用代表银行业市场结构的另一个指标——银行业存款集中度即四大国有银行存款余额占全部金融机构存款的比重，以进一步检验银行业市场结构对工业污染物排放强度的影响，看上述的回归结果是否稳健。表 7－6 为全部样本的估计结果；表 7－7、表 7－8 分别为东部地区、中西部地区两个子样本的估计结果。

表 7－6 全部样本估计结果（银行业市场结构用存款集中度表示）

	(10)	(11)	(12)
	因变量为工业二氧化硫排放强度	因变量为工业废水排放强度	因变量为工业烟尘排放强度
常数 C	8.730 *** (0.372)	6.959 *** (0.398)	7.806 *** (0.471)
Ckch	0.462 *** (0.147)	0.540 *** (0.148)	0.495 ** (0.226)
GDP	0.005 ** (0.002)	0.005 ** (0.002)	－0.005 (0.003)
Rjcapital	0.132 *** (0.051)	0.172 *** (0.054)	0.023 (0.071)
Rlzb	－0.315 *** (0.037)	－0.453 *** (0.038)	－0.220 *** (0.052)
Gyh	－0.410 (0.642)	1.600 ** (0.754)	－0.346 (0.743)
Lagrjgdp	－0.011 *** (0.002)	－0.012 *** (0.002)	－0.010 *** (0.003)
Plw	－0.006 (0.007)	－0.018 *** (0.007)	－0.009 (0.010)
Hausman P 值	0.999	0.000	0.999
模型	RE	FE	RE
R^2	0.3637	0.3253	0.5608
Wald 值	783.18	170.83	484.45

注：括号内数值为标准差；***、**和*分别表示 1%、5%和 10%的显著性水平；Hausman 检验的原假设为固定效应与随机效应模型的估计系数存在非系统差异，给定 1%显著性水平，若 Hausman 检验值小于临界值，则接受随机效应模型，反之则接受固定效应模型。

表 7-7　东部地区估计结果（银行业市场结构用存款集中度表示）

	(13)	(14)	(15)
	因变量为工业二氧化硫排放强度	因变量为工业废水排放强度	因变量为工业烟尘排放强度
常数 C	7.094 *** (0.519)	5.385 *** (0.506)	5.881 *** (0.643)
Ckch	0.644 *** (0.230)	0.676 *** (0.224)	0.299 * (0.1846)
GDP	0.001 (0.002)	-0.003 (0.002)	-0.009 *** (0.003)
Rjcapital	0.053 (0.054)	0.072 (0.053)	-0.067 (0.071)
Rlzb	-0.183 *** (0.065)	-0.121 ** (0.063)	-0.039 * (0.024)
Gyh	0.417 (0.914)	-0.289 (0.892)	0.379 (1.010)
Lagrjgdp	-0.008 *** (0.002)	-0.011 *** (0.002)	-0.007 ** (0.003)
Plw	-0.008 (0.006)	0.009 (0.006)	0.002 (0.009)
Hausman P 值	0.263	0.115	0.798
模型	RE	RE	RE
R^2	0.347	0.405	0.512
Wald 值	372.870	542.510	327.150

注：括号内数值为标准差；***、** 和 * 分别表示 1%、5% 和 10% 的显著性水平；Hausman 检验的原假设为固定效应与随机效应模型的估计系数存在非系统差异，给定 1% 显著性水平，若 Hausman 检验值小于临界值，则接受随机效应模型，反之则接受固定效应模型。

表 7-8　中西部地区估计结果（银行业市场结构用存款集中度表示）

	(16)	(17)	(18)
	因变量为工业二氧化硫排放强度	因变量为工业废水排放强度	因变量为工业烟尘排放强度
常数 C	8.509 *** (0.474)	6.589 *** (0.443)	7.351 *** (0.679)

续表

	(16)	(17)	(18)
	因变量为工业二氧化硫排放强度	因变量为工业废水排放强度	因变量为工业烟尘排放强度
Ckch	0.331**	0.432***	0.444*
	(0.163)	(0.153)	(0.268)
GDP	0.010**	-0.007	-0.004
	(0.005)	(0.005)	(0.007)
Rjcapital	0.079	-0.134	0.417*
	(0.155)	(0.145)	(0.237)
Rlzb	-0.110**	-0.215***	-0.067***
	(0.055)	(0.052)	(0.015)
Gyh	-1.952**	-0.190	-0.315
	(0.811)	(0.759)	(1.083)
Lagrjgdp	-0.027***	-0.020***	-0.026***
	(0.003)	(0.003)	(0.006)
Plw	0.086	0.040	-0.071
	(0.131)	(0.122)	(0.229)
Hausman P 值	0.000	0.000	0.130
模型	FE	FE	RE
R^2	0.334	0.503	0.416
Wald 值	92.310	178.270	225.210

注：括号内数值为标准差；***、**和*分别表示1%、5%和10%的显著性水平；Hausman 检验的原假设为固定效应与随机效应模型的估计系数存在非系统差异，给定1%显著性水平，若 Hausman 检验值小于临界值，则接受随机效应模型，反之则接受固定效应模型。

估计结果显示，用存款集中度表示银行业市场结构时，不论是全部样本，还是东部地区、中西部地区子样本估计结果中，银行业市场结构仍然对各类工业污染物的排放强度具有显著为正的影响，银行业存款集中度的提高会增加单位工业 GDP 的污染物排放强度。同时，人力资本、滞后一期的人均 GDP 不论是在何种样本中，还是对于何类工业污染物，其系数也都显著为负。

其他变量则同表 7-3、表 7-4、表 7-5 中一样，对于各类污染物并没有一致的结论，而是存在差异。当然，对于相同的样本而言，其他变量的系数也存在部分的相同之处。如对于全部样本而言，将表7－3与表7－6进行比较，可以发现，不论银行业市场结构是用贷款集中度还是存款集中度来表示，GDP、人均资本存量对工业二氧化硫排放强度和工业废水排放强度都具有显著为正的影响，而对工业烟尘排放强度的影响则不显著；环境规制强度对工业废水排放强度具有显著为负的影响，但对工业二氧化硫排放强度、工业烟尘排放强度的影响则不显著。

三　工具变量法估计

在前面的分析中，银行业市场结构对工业污染物排放强度具有显著为正的影响，但由于银行业市场结构可能存在的内生性，上面的回归结果不一定能完全反映银行业市场结构与工业污染物排放强度之间的正确关系。在已有的研究中，林毅夫和孙希芳（2008）、雷震和彭欢（2010）均用中国银行业特定的改革历程这一政策因素作为银行业市场结构的工具变量。具体而言，林毅夫和孙希芳（2008）利用1994年启动的国有银行商业化改革来构建工具变量，雷震和彭欢（2010）则用1999年提高国有银行的资本充足率和资产质量的改革来构建工具变量。出于本书研究的时间段考虑，此处将同林毅夫和孙希芳（2008）的处理方法一样，用中国1994年启动的国有银行商业化改革来构建工具变量，以消除银行业市场结构可能存在的内生性而导致的估计偏误。

改革开放后，中国金融体制改革可以分为两个阶段。

1994年以前的改革主要体现金融组织规模的扩张和经济货币化程度的提高。1979—1994年，四大国有专业银行先后恢复，交通银行、中信银行等股份制商业银行先后成立，农村信用社、城市信用社、其他非银行金融机构逐步发展起来。与此同时，货币规模也快速增长。随着1985年后放权让利改革的推行，国民收入中中央政府财政收入比重的不断下降，一方面，迫使中央政府不得不通过银行体系的超贷来增加货币供给，以满足国有经济部门不断增长的投资需求；另一方面，为了消除货币供给快速增加所导致的通货膨胀压力，中央政府对信贷资金进行限额管理。在这样的政策背景下，由于同时经营着商业性业务和政策性业务而存在着严重的预算软约束，四大国有专业银行可以不注重信贷风险的控制，却能不断扩大信贷规模和分支结构，这也使得国有专业银行长期保持着较高的市场份额。

由于快速货币化导致的通货膨胀压力不断上升，国家通过控制国有专业银行获取货币化收益的成本不断增加，中央政府于 1994 年启动了国有银行的商业化改革，改革的内容主要为剥离国有专业银行的政策性业务、国有专业银行由信贷规模管理向资产负债比例管理与资产风险管理转变。国有银行商业化改革后，由于银行的贷款数量受制于其存款数量，因此对于改革前存贷比较高的地区，国有商业银行的贷款市场份额会下降更多，其他银行的贷款市场份额则会上升得更快。改革的外生性和渐进性，使得我们由此可利用 1994 年国有银行商业化改革来构造银行业市场结构的工具变量。

以 1994 年为分界线，形成虚拟变量 *Reform*，对于 1994 年及以后年份，*Reform* 等于 1；对于 1994 年之前的年份，*Reform* 等于 0。构造工具变量 $Reform\_Lrated = Reform \times Lrated\_1$，其中 $Lrated\_1$ 是各省市在上期末的存贷比例。

以 *Reform_ Lrated* 作为银行业市场结构的工具变量，重新估计银行业市场结构对工业污染物排放强度的影响，回归估计结果如表 7－9、表 7－10 所示（此处只报告针对全部样本、银行业市场结构用贷款集中度来表示的估计结果）。

表 7－9 为工具变量估计第一阶段的估计结果。第一阶段指的是用工具变量对可能存在内生性问题的变量——银行业市场结构进行估计，以检验工具变量是否与银行业市场结构显著相关。由表 7－9 可知，不论是对工业二氧化硫排放强度、工业废水排放强度，还是对工业烟尘排放强度的回归，第一阶段中，工具变量 *Reform_ Lrated* 均与银行业市场结构显著负相关。根据前面的分析可知，1994 年国有银行商业化改革后，原来存贷比较高的省（市、区）银行业集中度下降得更多，因此 *Reform_ Lrated* 的系数符号是符合预期的。弱工具变量 F 检验结果还显示，表 7－9 各列中 *F* 值均较大（大于 10），说明本书构造的工具变量 *Reform_ Lrated* 并不是一个弱工具变量。

表 7－10 报告了工具变量估计第二阶段的回归结果。第二阶段指

的是用工具变量对工业污染物排放强度进行估计，比较表 7 - 10 与表 7 - 3 的估计结果，银行业市场结构的系数仍然显著为正，这一结果可以解释为，银行业集中度的上升会导致各类工业污染物排放强度的提高，这进一步验证了前文的理论分析。其他控制变量的系数与表 7 - 3 中的结果基本相似，人力资本、滞后一期的人均 GDP 与各类工业污染物的排放强度显著负相关，GDP、人均资本存量与工业二氧化硫排放强度、工业废水排放强度显著正相关，环境规制强度与工业废水排放强度显著负相关，工业化程度的系数不显著。

表 7 - 10 还给出了工具变量估计与未进行工具变量估计的 Hausman 检验的概率 P 值。从中可以看出，针对工业二氧化硫排放强度、工业废水排放强度的回归中，进行工具变量估计与不进行工具变量估计的结果并没有显著的差异。而针对工业烟尘排放强度的回归中，估计结果存在显著的差异（Hausman 检验的 P 值为 0.023），表明工具变量估计结果更有效；但比较表 7 - 10 与表 7 - 3 中针对工业烟尘排放强度的估计结果，各个变量的系数大小虽然发生了变化，但系数符号的显著性并没有发生变化，特别是银行业市场结构的系数仍然显著为正，因此，这并没有使前文的结论发生变化。

表 7 - 9　　　　工具变量估计结果（第一阶段）

	(19)	(20)	(21)
	对工业二氧化硫排放强度的回归	对工业废水排放强度的回归	对工业烟尘排放强度的回归
被解释变量	BS	BS	BS
工具变量			
Reform_ Lrated	-0.182 *** (0.012)	-0.181 *** (0.012)	-0.182 *** (0.012)
其他解释变量			
（控制）			
弱工具变量 F 检验	453.000	59.230	456.000
（p 值）	(0.000)	(0.000)	(0.000)

注：括号内数值为标准差；*** 、** 和 * 分别表示 1% 、5% 和 10% 的显著性水平。

表 7-10　　　　　工具变量估计结果（第二阶段）

	(22)	(23)	(24)
	IVRE	IVFE	IVRE
	因变量为工业二氧化硫排放强度	因变量为工业废水排放强度	因变量为工业烟尘排放强度
常数 C	8.637***	6.835***	7.976***
	(0.385)	(0.397)	(0.572)
Dkch	0.561***	0.742***	0.574**
	(0.203)	(0.200)	(0.288)
GDP	0.005**	0.005**	-0.002
	(0.002)	(0.002)	(0.003)
Rjcapital	0.133***	0.165***	-0.013
	(0.051)	(0.053)	(0.074)
Rlzb	-0.293***	-0.423***	-0.284***
	(0.038)	(0.039)	(0.055)
Gyh	-0.699	1.077	0.044
	(0.658)	(0.763)	(0.987)
Lagrjgdp	-0.012***	-0.012***	-0.008***
	(0.002)	(0.002)	(0.003)
Plw	-0.006	-0.018***	-0.010
	(0.007)	(0.007)	(0.010)
Hausman P 值	1.000	1.000	0.023

注：括号内数值为标准差；***、**和*分别表示1%、5%和10%的显著性水平；Hausman 检验的原假设为工具变量法估计结果与原有的估计结果不存在系统性差异。

本章小结

在节能减排呼声日益强烈的今天，降低工业污染物排放已成为中国工业不得不面对的重要议题。本章运用中国省级面板数据，分析了银行业市场结构对工业减排的影响。研究发现，银行业集中度与工业污染物排放强度存在显著的正相关关系，银行业集中度的下降有利于降低工业污染物排放强度进而有利于工业减排。研究结果还显示，人力资本和代表技术进步的滞后一期人均 GDP 对工业污染物排放强度具有显著的负向影响，即人力资本水平的提高和技术进步均有利于降低工业污染物的排放强度。而其他变量对不同工业污染物排放强度的影响则有所差异。

本章对于思考如何降低中国工业污染物的排放提供了一些启示。基于本章结论，银行业集中度的下降、人力资本和技术进步的提升都是降低中国工业污染物的排放强度的重要途径。以往理论界和各级地方政府往往只是笼统地强调技术进步在节能减排中的作用，本章的研究却发现，工业污染物排放问题与中国金融之间也是存在着密切联系的，一个合理的与经济结构相适应的银行业市场结构不仅有利于经济增长，更有利于节能减排。当前，中国银行业的集中度已不断下降，但银行业的集中度特别是在中西部地区仍然较高，从工业减排的角度来说，未来中国仍有必要进一步地降低银行业集中度，促进中小银行的进一步发展。

第八章　结论与政策建议

第一节　主要结论

虽然近年来第三产业在国民经济中的比重不断提高，但不可否认，工业仍然是中国国民经济的主体，建设更为强大的工业仍然是相当长一个时期中国经济发展的中心内容，工业发展质量的好坏，直接影响着中国经济是否能真正地可持续发展。根据既有的“金融—增长”文献，金融发展对经济增长起着十分重要的作用，金融是现代经济的核心。而对中国而言，银行则是金融体系的主体，银行业的市场结构不仅与经济增长有着紧密的联系，更对作为中国经济主体的工业发展产生着重要影响。为此，本书在厘清主要概念、回顾和评述前人文献和相关理论的基础上，分析了中国银行业市场结构与工业发展现状、银行业市场结构与中国工业发展之间的初步关系，进而从理论和实证两个方面分析了银行业市场结构对工业发展的影响。综合来看，本书研究可得到一个基本的结论：银行业市场结构对中国工业发展具有深远而系统的影响，一个合理的与经济结构相适应的银行业市场结构不仅有利于整体的经济增长，更有利于中国工业产业增长、产业技术创新和工业减排。具体而言，全书各章的主要结论可概括如下。

（1）改革开放以来，中国银行业市场结构经过了四个演变阶段，伴随着银行业从“大一统”的银行体系到当前多种金融机构并存发展，银行之间的竞争也不断加强。同时，虽然股份制商业银行、城市商业银行等的市场份额不断上升，银行业集中度也基本上呈不断下降趋势，但四大国有商业银行仍拥有绝对的市场优势，中国银行业市场结构也仍属于中（上）集中度寡占型市场结构。从地区特征来看，中国银行业市场结构还存在着较强的区域差异，东部地区的银行业集中度要明显低于西部地区，同时，近年来二者之间的差异进一步拉大。

（2）就工业发展而言，从产业增长来看，考察期内，产业增长最快的行业为石油加工及炼焦业、通信计算机及其他电子设备制造业、医药制造业等；如果将产业增长分解为新企业形成和企业规模增长，那么新企业形成最快的行业为有色金属冶炼及压延加工业、石油加工及炼焦业、医药制造业等；研究还发现，东部地区的工业产业增长和新企业形成较快，而中西部地区则次之。从工业技术创新来看，近年来，中国工业整体的技术创新水平随着时间变化而不断提升，高技术产业的技术创新水平较高，资源采选业的技术创新水平较低，其他产业则介于二者之间；同时，不论是用专利申请数还是新产品销售收入份额来度量技术创新，东部地区的工业技术创新水平都要高于西部地区。从工业污染物排放来看，各工业污染物（工业废水、工业烟尘、工业二氧化硫等）排放量随时间的变化模式不尽一致，但排放强度则基本上随着时间的变化而不断下降；同时，电力热力的生产和供应业、非金属矿物制品业、黑色金属冶炼及压延加工业、化学原料及化学制品制造业、有色金属冶炼及压延加工业等重化产业的工业污染物排放量和排放强度都较大；此外，在工业污染物排放的地区特征上，就工业污染物排放量而言，西部地区普遍较低，东部地区和中部地区则没有统一的规律；但就工业污染物排放强度而言，中西部地区普遍较高，而东部地区则普遍较低。

（3）银行业市场结构对中国工业发展的影响的理论分析表明，与经济结构不匹配的银行业市场结构（即较高的银行业集中度），不利于中国工业整体的产业增长；同时，国有银行垄断还限制了非国有银行的资金供给，损害了产业中企业技术创新所需研发资金的获取，进而对工业技术创新产生不利影响。此外，较高的银行业集中度不仅加剧了国有工业部门的资本深化从而使得整体工业部门的资本深化程度不断提升，还限制了工业部门整体生产率的提高和资本从生产率低的行业向生产率高的行业之间的流动，进而不利于中国工业污染物排放强度的降低。

（4）利用中国 1993—2005 年 26 个省（区、市）20 个产业数据，实证分析了银行业市场结构对产业增长的影响。研究发现，银行业市场结构对整体产业的产业增长具有显著的负向效应，银行业集中度的提高不利于整体产业的增长。在考虑了银行业市场结构对外部融资依赖程度不同的产业的影响差异后，银行业市场结构对外部融资依赖度较高的产业仍然存在显著为负的影响。研究结果均表明，银行业集中度对中国工业产业增长具有显著的负向影响，这与一般均衡理论的观点是一致的，也为一般均衡理论提供了一个来自发展中大国的证据。此外，研究还进一步说明，银行业市场结构对产业增长的影响来自新企业形成而不是企业规模增长，银行业市场结构对新企业形成具有显著为负的影响，但对企业规模增长的影响则不显著。

（5）运用中国省级层面的面板数据，实证分析了银行业市场结构对工业产业技术创新的影响。基于静态面板估计和系统广义矩估计的结果均表明，银行业市场结构对工业产业的技术创新具有显著的负向影响，银行业集中度的提高不利于工业产业的技术创新。也就是说，银行业中四大国有银行的市场份额提高会抑制工业产业的技术创新，而其他如股份制商业银行、城市商业银行等中小银行的市场份额的提高则会对工业产业的技术创新产生促进作用。此外，非国有化程度、人力资本水平的提高有利于技术创新；企业规模对工业产业的专利申请数存在显著为正的影响，却对新产品销售收入份额存在显著为负的影响，同时银行业规模与技术创新也存在显著的负相关关系。

（6）运用 1992—2004 年中国省级面板数据，实证分析了银行业市场结构对中国工业污染物排放的影响。研究发现，银行业集中度与中国工业的污染物排放强度存在显著的正相关关系，银行业集中度的下降有利于降低中国工业的污染物排放强度。研究结果还显示，人力资本和代表技术进步的滞后一期人均 GDP 对工业污染物排放强度具有显著的负向影响，即人力资本水平的提高和技术进步均有利于降低工业污染物的排放强度。而其他变量对不同工业污染物排放强度的影响则有所差异。

第二节 政策建议

基于以上结论，为了更好地促进中国工业产业的可持续发展，结合中国银行业市场结构和工业发展现状，本书从以下几个方面提出具体的政策建议。

一 对优化银行业市场结构给予高度重视，创新产业发展政策，促进产业结构优化升级

现有关于产业结构优化升级的政府政策一直倡导提高中国工业产业的技术创新能力、加大节能减排力度，但大部分政策却只将注意力集中于中国工业本身。例如，技术创新政策主要包括支持科技成果转化、明确企业在技术创新中的主体地位、扶持高技术产业发展等，虽然也提出要加大金融对技术创新的支持力度，但更多考虑的是一般意义上的金融支持即增加金融机构的科技贷款，却没有考虑到技术创新与银行业市场结构之间的密切关联；现有的污染减排政策往往也只是笼统地强调技术进步在工业减排中的作用，并主要动用行政手段来规制工业污染物的排放水平，同样没有考虑到中国工业的外部环境——银行业市场结构对工业污染物排放的影响。

而本书的结论却强烈地表明，银行业市场结构对中国工业发展具有深远而系统的影响，其不仅影响着中国工业产业增长，更影响着产业技术创新和工业减排。具体而言，银行业集中度的降低不仅有利于中国工业的产业增长，更有利于中国工业产业技术创新和降低工业污染物的排放强度进而促进产业结构优化升级。换句话说，优化中国银行业市场结构，可以实现“经济增长”与“产业结构优化升级”的“鱼与熊掌”的兼得。因此，要增强中国工业产业技术创新能力、降低工业污染物排放从而促进产业结构优化升级，必须对银行业市场结构给予高度重视。具体到政府政策上，则有必要对现有政策进行调整，将优化银行业市场结构、建立与经济结构相匹配的合理的银行业市场结构作为产业发展政策的重要内容。

二　进一步深化金融系统改革，加强银行之间的竞争，提高中小银行市场份额

改革开放以来，伴随着中国银行业从“大一统”的银行体系到当前多种金融机构并存发展，中国银行业市场结构逐步演变，银行之间的竞争也不断加强。但中国银行业仍然属于中（上）集中度寡占型市场结构，四大国有商业银行一直占有较大的市场份额，股份制商业银行、城市商业银行以及其他银行业金融机构则有待于进一步加快发展。国有银行的主体地位和其所有制偏向，限制着中国工业产业增长、产业技术创新和工业减排。

因此，为提高银行业服务实体经济发展的能力，未来应进一步深化金融系统改革，加强银行之间的竞争，扶持和发展中小银行，促进中小银行市场份额的进一步提升。在银行业市场结构的改革方向上，政府应该鼓励逐步以国有大银行为导向的银行业市场结构向以重点服务中小企业的中小银行为导向的银行业市场结构转变。政府应打破制约中小银行发展的政策壁垒，建立和完善中小银行市场准入和退出机制，鼓励民间资本进入银行业，取消对中小银行和民间资本的不公平的待遇，为中小银行的发展提供公平竞争的制度环境。

三　实施差异化的区域金融政策，降低区域金融发展差距

由前文的分析可知，中国东、中、西部地区存在着银行业市场结构的较大差异，中西部地区的银行业集中度明显要高于东部地区，同时近年来东部地区银行业集中度的降低速度明显也要快于西部地区，二者之间的差异进一步拉大。

鉴于银行业市场结构在中国工业发展的重要作用，中国政府有必要实施差异化的区域金融政策，降低区域金融发展差距，促进区域之间的协调发展。具体而言，应支持西部地区加快降低银行业集中度，以缩小与东部地区之间的差距，如适当降低西部地区中小金融机构的市场准入要求，鼓励各类中小金融机构的快速发展。

四　进一步推进市场化改革，为工业产业技术创新创造良好的制度环境

本书的实证分析稳健地表明，非国有化程度是影响中国工业产业技术创新的重要因素。既有的理论研究表明，中国各类所有制企业

中，最具创新性的企业为非国有企业，本书的结论与现有理论研究是一致的。由于非国有化程度一定意义上代表了市场化程度，而技术创新也是中国经济转型的重要环节，因此，为了提升中国工业产业的技术创新能力、加速中国经济的结构转型，有必要进一步推进市场化改革，提高非国有化程度，为中国工业产业创新创造一个良好的制度环境。2008 年后社会各界认为中国经济存在着明显的“国进民退”，因此，当前中国进一步破除各种利益藩篱、推进市场化改革就显得更为重要。

五　着力提高人力资本水平，为工业产业技术创新和工业减排提供有力支撑

根据本书的研究结果，人力资本水平的提升有利于促进中国工业产业的技术创新和降低工业污染物的排放强度。改革开放以来，中国人力资本水平提升较快，但人力资本投资一直偏低，人力资本水平仍有待于进一步的提高。从 1992 年至今，发达国家教育支出占 GDP 比重平均为 5.6%，而中国同期大部分年份则低于 3%。虽然从 1999 年开始，中国高校招生规模快速扩张，但到 2009 年，中国大学毕业生占全国人口比例仍仅为 5.2%，而同期发达国家平均水平则为 30%。直到最近几年来，与人均收入相近的发展中国家相比，中国在中等教育以上的人力资本投资也显得非常不足，人力资本投资还存在较大的区域差异（Heckman，2005）。[①] 因此，为促进中国工业产业技术创新和工业减排，政府应进一步加大人力资本投资力度，同时完善劳动力市场以及时有效地提供激励人力资本投资的信号。此外，由于相对于东部地区而言，中西部地区的人力资本水平和人力资本投资都偏低，因此，政府也有必要着重加大中西部地区的人力资本投资力度，以缩小地区人力资本差距，促进地区经济的协调发展。

---

① Heckman J.，J. China's Human Capital Investment，*China Economic Review*，Vol. 16，No. 1，2005，pp. 50 – 70.

参考文献

[1] 包群、陈媛媛、宋立刚：《外商投资、污染排放与我国环境质量变化》，载宋立刚、胡永泰《经济增长、环境与气候变迁——中国的政策选择》，社会科学文献出版社 2009 年版。

[2] 蔡昉：《发展阶段判断与发展战略选择——中国又到了重化工业化阶段吗》，《经济学动态》2005 年第 9 期。

[3] 陈林、朱卫平：《创新、市场结构与行政进入壁垒——基于中国工业企业数据的熊彼特假说实证检验》，《经济学》（季刊）2011 年第 2 期。

[4] 陈诗一、严法善、吴若沉：《资本深化、生产率提高与中国二氧化碳排放变化——产业、区域、能源三维结构调整视角的因素分解分析》，《财贸经济》2010 年第 12 期。

[5] 陈诗一：《能源消耗、二氧化碳排放与中国工业的可持续发展》，《经济研究》2009 年第 4 期。

[6] 陈诗一：《中国碳排放强度的波动下降模式及经济解释》，《世界经济》2011 年第 4 期。

[7] 陈勇、唐朱昌：《中国工业的技术选择与技术进步：1985—2003》，《经济研究》2006 年第 9 期。

[8] 陈勇：《劳动力剩余条件下的资本深化——基于中国 1985—2003 年的经验研究》，博士学位论文，复旦大学，2007 年。

[9] 陈钊、陆铭、金煜：《中国人力资本和教育发展的区域差异：对于面板数据的估算》，《世界经济》2004 年第 12 期。

[10] 方军雄：《银行业规模结构、中小企业银行信贷与经济增长》，《会计与经济研究》2012 年第 2 期。

[11] 冯皓、陆铭、荣健欣：《集聚与减排——基于中国省级面板数据

的实证分析》，第十一届中国经济学年会论文，2011 年。

[12] 冯涛、宋艳伟、路燕：《财政分权、地方政府行为与区域金融发展》，《西安交通大学学报》（社会科学版）2007 年第 5 期。

[13] 冯尧、廖晓燕、彭欢：《银行业市场结构与非国有经济增长》，《统计研究》2011 年第 3 期。

[14] 高玮：《外部融资依赖度、银行业竞争与经济增长——基于中国制造业的分析》，《当代财经》2010 年第 4 期。

[15] 贺小海、刘修岩：《银行业结构与经济增长——来自中国省级面板数据的证据》，《南方经济》2008 年第 10 期。

[16] 黄菁：《环境污染与工业结构：基于 Divisia 指数分解法的研究》，《统计研究》2009 年第 12 期。

[17] 贾春新、夏武勇、黄张凯：《银行分支机构、国有银行竞争与经济增长》，《管理世界》2008 年第 2 期。

[18] 简新华：《产业经济学》，武汉大学出版社 2001 年版。

[19] 焦谨璞：《中国银行业国际竞争力研究》，中国时代经济出版社 2002 年版。

[20] 雷震、彭欢：《银行业市场结构与中小企业的生成：来自中国 1995—2006 年的证据》，《世界经济》2010 年第 3 期。

[21] 李斌、江伟：《金融发展、融资约束与企业成长》，《南开经济研究》2006 年第 3 期。

[22] 李青原、赵奇伟、李江冰、江春：《外商直接投资、金融发展与地区资本配置效率——来自省级工业行业数据的证据》，《金融研究》2010 年第 3 期。

[23] 李涛：《政府管制、法治、银行发展与中小企业发展》，《经济学》（季刊）2004 年第 1 期。

[24] 李悦、李平：《产业经济学》，东北财经大学出版社 2002 年版。

[25] 李志赟：《银行结构与中小企业融资》，《经济研究》2002 年第 6 期。

[26] 李治国、唐国兴：《资本形成路径与资本存量调整模型——基于中国转型时期的分析》，《经济研究》2003 年第 2 期。

[27] 林毅夫、姜烨：《经济结构、银行业结构与经济发展》，《金融

研究》2006 年第 1 期。
[28] 林毅夫、孙希芳、姜烨：《经济发展中的最优金融结构理论初探》，《经济研究》2009 年第 8 期。
[29] 林毅夫、孙希芳：《银行业结构与经济增长》，《经济研究》2008 年第 9 期。
[30] 林毅夫、章奇、刘明兴：《金融结构与经济增长：以制造业为例》，《世界经济》2003 年第 1 期。
[31] 刘瑞明：《金融压抑、所有制歧视与增长拖累——国有企业效率损失再考察》，《经济学》（季刊）2011 年第 2 期。
[32] 刘伟、黄桂田：《银行业的集中、竞争与绩效》，《经济研究》2003 年第 11 期。
[33] 刘伟、黄桂田：《中国银行业改革的侧重点：产权结构还是市场结构》，《经济研究》2002 年第 8 期。
[34] 刘湘勤、龙海雯：《银行结构、信用环境与中小企业发展：基于中国跨省数据的实证分析》，《西北大学学报》（哲学社会科学版）2007 年第 6 期。
[35] 卢峰、姚洋：《金融压抑下的法治、金融发展和经济增长》，《中国社会科学》2004 年第 1 期。
[36] 鲁丹、肖华荣：《银行市场竞争结构、信息生产和中小企业融资》，《金融研究》2008 年第 5 期。
[37] 陆文聪、李元龙：《中国工业减排的驱动因素研究：基于 LMDI 的实证分析》，《统计与信息论坛》2010 年第 10 期。
[38] 米运生、程昆：《信贷资本配置效率与产权结构——基于中国商业银行的实证分析》，《金融论坛》2005 年第 5 期。
[39] 潘文卿、张伟：《中国资本配置效率与金融发展相关性研究》，《管理世界》2003 年第 8 期。
[40] 潘文卿：《外商投资对中国工业部门的外溢效应：基于面板数据的分析》，《世界经济》2003 年第 6 期。
[41] 秦宛顺、欧阳俊：《中国商业银行市场结构、效率和绩效》，《经济科学》2001 年第 4 期。
[42] 邵平、秦龙、孔爱国：《商业银行对产业发展的催化——来自中

国的证据（1991—2006）》，《金融研究》2007 年第 12 期。
[43] 史忠良：《产业经济学》，经济管理出版社 2005 年版。
[44] 苏东水：《产业经济学》，高等教育出版社 2000 年版。
[45] 谈儒勇、叶海景、范坤祥：《我国各地银行集中度与经济增长关系的实证研究》，《当代财经》2006 年第 12 期。
[46] 涂万春、陈奉先：《产权、市场结构与中国银行业绩效——基于修正的 SCP 分析框架》，《产业经济研究》2006 年第 4 期。
[47] 王红：《银行结构与经济发展：中国银行业的实证分析》，《经济学家》2005 年第 5 期。
[48] 王翔、钱力：《金融发展视角下中国的资本形成与银行业市场结构》，《江淮论坛》2009 年第 2 期。
[49] 魏后凯：《企业规模、产业集中与技术创新能力》，《经济管理》2002 年第 4 期。
[50] 吴敬琏：《增长模式与技术进步》，《科技潮》2005 年第 10 期。
[51] 吴延兵：《创新的决定因素——基于中国制造业的实证研究》，《世界经济文汇》2008 年第 2 期。
[52] 吴延兵：《国有企业双重效率损失研究》，《经济研究》2012 年第 3 期。
[53] 吴延兵：《市场结构、产权结构与 R&D——中国制造业的实证分析》，《统计研究》2007 年第 5 期。
[54] 吴延兵：《知识生产及其影响因素——基于中国地区工业的实证研究》，《世界经济文汇》2009 年第 2 期。
[55] 吴延兵：《中国工业产业技术创新水平及影响因素——面板数据的实证分析》，《产业经济评论》2006 年第 2 期。
[56] 吴延兵：《中国哪种所有制类型企业最具创新性》，《世界经济》2012 年第 6 期。
[57] 杨公朴、夏大慰：《产业经济学教程》，上海财经大学出版社 2002 年版。
[58] 杨国辉、孙霞：《银行结构与经济发展的因果关系——基于中国地区面板数据的实证检验》，《南方金融》2008 年第 1 期。
[59] 杨建文：《产业经济学》，上海社会科学院出版社 2008 年版。

[60] 姚洋、章奇：《中国工业企业技术效率分析》，《经济研究》2001 年第 10 期。
[61] 姚战琪、夏杰长：《资本深化、技术进步对中国就业效应的经验分析》，《世界经济》2005 年第 1 期。
[62] 叶欣、郭建伟、冯宗宪：《垄断到竞争：中国商业银行业市场结构的变迁》，《金融研究》2001 年第 11 期。
[63] 叶子荣、贾宪洲：《金融支持促进了中国的自主创新吗?》，《财经科学》2011 年第 3 期。
[64] 易纲、赵先信：《中国的银行竞争：机构扩张、工具创新与产权改革》，《经济研究》2001 年第 8 期。
[65] 尹希果、孙惠：《中国的银行业竞争结构对国际贸易影响的区域收敛性》，《数量经济技术经济研究》2012 年第 6 期。
[66] 于良春、鞠源：《垄断与竞争：中国银行业的改革和发展》，《经济研究》1999 年第 8 期。
[67] 于良春、王会宗：《商业银行市场结构与经济增长关系的实证分析》，《延安大学学报》（社会科学版）2007 年第 6 期。
[68] 曾文慧：《流域越界污染规制：对中国跨省水污染的实证研究》，《经济学》（季刊）2008 年第 2 期。
[69] 张军、金煜：《中国的金融深化和生产率关系的再检测：1987—2001》，《经济研究》2005 年第 11 期。
[70] 张军、吴桂英、张吉鹏：《中国省际物质资本存量估算：1952—2000》，《经济研究》2004 年第 10 期。
[71] 张军：《增长、资本形成与技术选择：解释中国经济增长下降的长期因素》，《经济学》（季刊）2002 年第 1 期。
[72] 张军：《中国的信贷增长为什么对经济增长影响不显著》，《学术月刊》2006 年第 7 期。
[73] 赵旭、蒋振声、周军民：《中国银行业市场结构与绩效的实证研究》，《金融研究》2001 年第 3 期。
[74] 赵子铱、彭琦、邹康：《我国银行业市场竞争结构分析——基于 Panzar - Rosse 范式的考察》，《统计研究》2005 年第 6 期。
[75] 周黎安、罗凯：《企业规模与创新：来自中国省级水平的经验

证据》,《经济学》(季刊)2005 年第3 期。

[76] 朱平辉、袁加军、曾五一:《中国工业环境库兹涅茨曲线分析——基于空间面板模型的经验研究》,《中国工业经济》2010 年第6 期。

[77] 朱轶、吴超林:《中国工业资本深化的区域特征与就业效应——兼论分权体制下资本深化态势的应对》,《南开经济研究》2010 年第5 期。

[78] 邹伟进、刘峥:《中国银行业市场结构、效率和绩效实证研究》,《经济评论》2007 年第3 期。

[79] Allen F., Gale D., Diversity of Opinion and the Financing of New Technologies, *Journal of Financial Intermediation*, Vol. 8, No. 1 - 2, 1999, pp. 68 - 89.

[80] Allen F., Gale D., Financial Markets, Intermediaries, and Intertemporal Smoothing, *Journal of Political Economy*, Vol. 105, No. 3, 1997, pp. 523 - 546.

[81] Allen F., Qian J., Qian M., Law, Finance and Economic Growth in China, *Journal of Financial Economics*, Vol. 77, No. 1, 2005, pp. 57 - 116.

[82] Arellano M., Bond S., Some Tests of Specification for Panel Data: Monte Carlo Evidence and an Application to Employment Equation, *Review of Economic Studies*, Vol. 58, No. 2, 1991, pp. 277 - 297.

[83] Arellano M., Bover O., Another Look at the Instrumental Variable Estimation of Error Components Model, *Journal of Econometrics*, Vol. 68, No. 1, 1995, pp. 29 - 51.

[84] Beck T., Demirguc - Kunt A., Levine R., Maksimovic V., Bank Competition and Access to Finance International Evidence, *Journal of Money, Credit and Banking*, No. 36, 2004, pp. 627 - 648.

[85] Beck T., Levine R., Industry Growth and Capital Allocation: Does Having a Market - or Bank - Based System Matter?, *Journal of Financial Economics*, No. 64, 2002, pp. 147 - 180.

[86] Beck T., Levine R., Stock Markets, Banks and Growth: Panel Ev-

idence, *Journal of Banking and Finance*, No. 28, 2004, pp. 423 - 442.

[87] Bencivenga V., Smith B., Financial Intermediation and Economic Growth, *Review of Economic Studies*, Vol. 58, No. 2, 1991, pp. 195 - 209.

[88] Black S. E., Strahan P., Entrepreneurship and Bank Credit Availability, *Journal of Finance*, No. 57, 2002, pp. 2807 - 2833.

[89] Blundell R., Bond S., Initial Conditions and Moment Restrictions in Dynamic Panel Data Model, *Journal of Econometrics*, Vol. 87, No. 1, 1998, pp. 115 - 143.

[90] Blundell R. Bond S. Windmeijer F., Estimation in Dynamic Panel Data Models: Improving on the Performance of the Standard GMM Estimator, Institute for Fiscal Studies, 2000, IFS Working Papers W0012.

[91] Bonaccorsi E., Dell' Ariccia, Bank Competition and Firm Creation, *Journal of Money, Credit and Banking*, No. 36, 2004, pp. 225 - 251.

[92] Boot A. W. A., Thakor A. V., Financial System Architecture, *The Review of Financial Studies*, Vol. 10, No. 3, 1997, pp. 693 - 733.

[93] Boyd J. H., Smith B. D., The Evolution of Debt and Equity Markets in Economic Development, *Economic Theory*, Vol. 12, No. 3, 1998, pp. 519 - 560.

[94] Boyeau - Debray G., Financial Intermediation and Growth: Chinese Style, World Bank Policy Research Working Paper, 2003, No. 3027.

[95] Caminal R., Matutes C., Bank Solvency, Market Structure, and Monitoring Incentives, Centre for Economic Policy Research, 1997, Discussion Paper, No. 1665.

[96] Carlin W., Mayer C., Finance, Investment and Growth, *Journal of Financial Economies*, Vol. 69, No. 1, 2003, pp. 191 - 226.

[97] Cetorelli N., Life - cycle Dynamics in Industrial Sectors: The Role of Banking Market Structure, *Quarterly Review, Federal Reserve Bank of St. Louis*, No. 85, 2003, pp. 135 - 147.

[98] Cetorelli N. , Real Effects of Bank Competition, *Journal of Money, Credit and Banking*, No. 36, 2004, pp. 543 - 558.

[99] Cetorelli N. , The Role of Credit Market Competition on Lending Strategies and Capital Accumulation, Federal Reserve Bank of Chicago in its Series Working Paper Series, Issues in Financial Regulation, 1997, NO. WP - 97 - 14.

[100] Cetorelli N. , Strahan P. , Finance as a Barrier to Entry: Bank Competition and Industry Structure in Local U. S. Markets, *Journal of Finance*, No. 61, 2006, pp. 437 - 461.

[101] Cetorelli N. , Gambera M. , Banking Market Structure, Financial Dependence and Growth: International Evidence from Industry Data, *Journal of Finance*, No. 56, 2001, pp. 617 - 648.

[102] Cetorelli N. , Peretto P. E. , Oligopoly Banking and Capital Accumulation, Federal Reserve Bank of Chicago Working Paper, 2000, No. 2000 - 2012.

[103] Claessens S. , Laeven L. , Financial Dependence, Banking Sector Competition, and Economic Growth, *Journal of the European Economic Association*, No. 3, 2005, pp. 179 - 207.

[104] Copeland B. , Taylor S. , Trade & the Environment: Theory and Evidence, Princeton University Press, 2003.

[105] De Young R. , Goldberg L. G. , White L. J. Youth, Adolescence, and Maturity of Banks: Credit Availability to Small Business in an Era of Banking Consolidation, *Journal of Banking and Finance*, No. 23, 1999, pp. 463 - 492.

[106] Deidda L. , Fattouh B. , Concentration in the Banking Industry and Economic Growth, *Macroeconomic Dynamics*, No. 9, 2005, pp. 198 - 219.

[107] Diamond D. W. , Financial Intermediation and Delegated Monitoring, *Review of Economic Studies*, Vol. 51, No. 3, 1984, pp. 393 - 414.

[108] Goldsmith P. G. , *Financial Structure and Development*, New Ha-

ven: Yale University Press, 1969.

[109] Greenwood J., Smith B. D., Financial Markets in Development, and The Development of Financial Markets, *Journal of Economic Dynamics and Control*, Vol. 21, No. 1, 1997, pp. 145 – 181.

[110] Grossman G., Krueger A., Economic Growth and the Environment, *Quarterly Journal of Economics*, Vol. 110, No. 2, 1995, pp. 353 – 377.

[111] Grossman G., Krueger A., Environmental Impacts of a North American Free Trade Agreement, Paper prepared for the Conference on United States – Mexico Free Trade Agreement, 1991.

[112] Guzman Mark G., Bank Structure, Capital Accumulation and Growth: A Simple Macroeconomic Model, *Economic Theory*, No. 16, 2000, pp. 421 – 455.

[113] Hart O., Shleifer A., Robert W. Vishny, The Proper Scope of Government: Theory and an Application to Prisons, *Quarterly Journal of Economics*, Vol. 112, No. 4, 1997, pp. 1127 – 1161.

[114] Heckman J. J., China's Human Capital Investment, *China Economic Review*, Vol. 16, No. 1, 2005, pp. 50 – 70.

[115] Hu A. G. Z., Jefferson G. H., A Great Wall of Patents: What Is behind China's Recent Patent Explosion?, *Journal of Development Economics*, No. 90, 2008, pp. 57 – 68.

[116] Jackson J. E., Thomas A. R., Bank Structure and New Business Creation: Lessons from an Earlier Time, *Regional Science and Urban Economics*, No. 25, 1995, pp. 323 – 353.

[117] Jayaratne J., Strahan P. E., The Finance – Growth Nexus: Evidence from Bank Branch Deregulation, *Quarterly Journal of Economics*, No. 111, 1996, pp. 639 – 670.

[118] Jefferson G. H., Bai H., Guan X., Yu X., R&D Performance in China Industry, *Economics of Innovation and New Technology*, Vol. 15, No. 4 – 5, 2006, pp. 345 – 366.

[119] Kang J. K., Stulz R. M., Do Banking Shocks Affect Borrowing

Firm Performance? An Analysis of the Japanese Experience, *Journal of Business*, Vol. 73, No. 1, 2000, pp. 1 –23.

[120] King G., Levine R., Finance and Growth: Schumpeter Might be Right, *The Quarterly Journal of Economies*, Vol. 108, No. 3, 1993, pp. 717 –737.

[121] La Porta R., Lopez – de – Silanes F., Shleifer A., Vishny R. W., Legal Determinants of External Finance, *Journal of Finance*, No. 52, 1997, pp. 1131 –1150.

[122] La Porta. R., F. Lopez – de – Silanes, A. Shleifer and R. W. Vishny, Law and Finance, *Journal of Political Economy*, No. 106, 1998, pp. 1113 –1155.

[123] Levine R., Bank – Based or Market – Based Financial Systems: Which Is Better, University of Minnesota Mimeo, 2000.

[124] Levine R., Financial Development and Economic Growth: Views and Agenda, *Journal of Economic Literature*, Vol. 35, No. 2, 1997, pp. 688 –726.

[125] Levine R., Zervos S., Stock Markets, Banks, and Economic Growth, *The American Economic Review*, Vol. 88, No. 3, 1998, pp. 537 –558.

[126] Ljungwall C., Li J., Financial Sector Development, FDI, and Economic Growth in China, Peking University, 2007, CCER Working Paper, No. E2007005.

[127] Marshall A., The Social Possibilities of Economic Chivalry, *Economic Journal*, No. 17, 1907, pp. 7 –29.

[128] Maudos J., Fernάndez de Guevara J., The Cost of Market Power in Banking: Social Welfare Loss vs Inefficiency Cost, *Journal of Banking and Finance*, Vol. 31, No. 7, 2007, pp. 2103 –2125.

[129] McKinnon R. I., *Money and Capital in Economic Development*, Washington, DC: Brookings Institution, 1973.

[130] Merton R. C., Bodie Z., A Conceptual Framework for Analyzing the Financial Environment, in Crane, et al. (eds.), *The Global*

Financial System: A Functional Perspective, Boston: Harvard Business School Press, 1995, pp. 78 – 137.

[131] Panayotou T., Demystifying the Environmental Kuznets Curve: Turning a Black Box into a Policy Tool, *Environment and Development Economics*, Vol. 2, No. 4, 1997, pp. 465 – 484.

[132] Patrick H. T., Financial Development and Economic Growth in Underdeveloped Countries: A Reply, *Economic Development and Cultural Change*, Vol. 20, No. 2, 1966, pp. 326 – 329.

[133] Petersen M. A., Rajan R. G., The Effect of Credit Market Competition on Lending Relationship, *Quarterly Journal of Economics*, Vol. 110, No. 2, 1995, pp. 407 – 443.

[134] Rajan R. G., Insiders and Outsiders: The Choice between Informed and Arms – Length Debt, *The Journal of Finance*, Vol. 47, No. 4, 1992, pp. 1367 – 1440.

[135] Rajan R. G., Zingales L., Financial Dependence and Growth, *American Economic Review*, Vol. 88, No. 3, 1998, pp. 559 – 586.

[136] Scherer F. M., Firm Size, Market Structure, Opportunity, and the Out of Patented Inventions, *American Economic Review*, Vol. 55, No. 5, 1965, pp. 1097 – 1125.

[137] Schnitzer M., On the Role of Bank Competition for Corporate Finance and Corporate Control in Transition Economies, Center for Economic Policy Research Discussion Paper, CEPR Discussion Paper Series, 1998, NO. 2013.

[138] Schumpeter, J. A., *The Theory of Economic Development*, Cambridge: Harvard University Press, 1912.

[139] Scott J. A., Dunkelberg W. C., Competition and Credit Market Outcomes: A Small Firm Perspective, Mimeo: Temple University, 2001.

[140] Selden T. M., Forrest A. S., Lockhart J. E., Analyzing Reductions in US Air Pollution Emissions: 1970 to 1990, *Land Economics*, Vol. 75, No. 1, 1999, pp. 1 – 21.

[141] Shaw E. S. , *Financial Deepening in Economic Development*, New York: Oxford University Press, 1973.

[142] Shleifer A. , Vishny R. W. , Large Shareholders and Corporate Control, *Journal of Political Economy*, Vol. 94, No. 3, 1986, pp. 461 – 488.

[143] Shleifer, Andrei, State versus Private Ownership, *Journal of Economic Perspectives*, Vol. 12, No. 4, 1998, pp. 133 – 150.

[144] Smith R. T. , Banking Competition and Macroeconomic Performance, *Journal of Money, Credit, and Banking*, Vol. 30, No. 4, 1998, pp. 793 – 815.

[145] Stiglitz J. E. , Credit Markets and the Control of Capital, *Journal of Money, Credit and Banking*, Vol. 17, No. 2, 1985, pp. 133 – 152.

[146] Tadassee S. , Financial Architecture and Economic Performance: International Evidence, Working Paper, University of South Carolina, 2000.

[147] Wenger E. , Kaserer C. , German Banks and Corporate Governance: A Critical View, in Hopt K. J. , Kanda H. , Roe M. J. , Wymeersch E. , Prigge S. (eds.), *Comparative Corporate Governance – The State of the Art and Emerging Research*, Oxford: Clarendon Press, 1998, pp. 499 – 536.

[148] Wurgler J. , Financial Markets and the Allocation of Capital, *Journal of Financial Economics*, No. 58, 2000, pp. 187 – 214.

[149] Zhang A. , Zhang Y. , Zhao R. , A Study of the R&D Efficency and Productivity of Chinese Firms, *Journal of Comparative Economics*, No. 31, 2003, pp. 444 – 464.